Dein Weg zum Fußballprofi

W0332406

Allgemeiner Hinweis:

Aus Gründen der besseren Lesbarkeit haben wir uns entschlossen, durchgängig die männliche (neutrale) Anredeform zu nutzen, die selbstverständlich die weibliche mit einschließt.

Das vorliegende Buch wurde sorgfältig erarbeitet. Dennoch erfolgen alle Angaben ohne Gewähr. Weder die Autoren noch der Verlag können für eventuelle Nachteile oder Schäden, die aus den im Buch vorgestellten Informationen resultieren, Haftung übernehmen.

Michael Köllner | Stephanie Pennekamp

Dein Weg zum FUßBALL PROFI

Ein Ratgeber für junge Talente, Eltern und Trainer

Meyer & Meyer Verlag

Dein Weg zum Fußballprofi

Bibliografische Information der Deutschen Bibliothek

Die Deutsche Bibliothek verzeichnet diese Publikation in der Deutschen Nationalbibliografie; detaillierte bibliografische Details sind im Internet über <http://dnb.ddb.de> abrufbar.

Alle Rechte, insbesondere das Recht der Vervielfältigung und Verbreitung sowie das Recht der Übersetzung, vorbehalten. Kein Teil des Werkes darf in irgendeiner Form – durch Fotokopie, Mikrofilm oder ein anderes Verfahren – ohne schriftliche Genehmigung des Verlages reproduziert oder unter Verwendung elektronischer Systeme verarbeitet, gespeichert, vervielfältigt oder verbreitet werden.

© 2016 by Meyer & Meyer Verlag, Aachen

Auckland, Beirut, Dubai, Hägendorf, Hongkong, Indianapolis, Kairo, Kapstadt,

Manila, Maidenhead, Neu-Delhi, Singapur, Sydney, Teheran, Wien

Member of the World Sport Publishers' Association (WSPA)

Gesamtherstellung: Print Consult GmbH, München

ISBN 978-3-8403-7504-0

E-Mail: verlag@m-m-sports.com

www.dersportverlag.de

INHALT

„Arbeite so hart du kannst.
Bleibe dran, lerne jeden Tag.
Glaube an dich. Denn wer jetzt
ein Star ist, war auch einmal
ein kleiner Junge."[1]

Steven Gerrard,
englischer Rekord-Nationalspieler

VORWORT

Häufig werde ich gefragt, was mein Geheimnis ist. Wie ich Profisportler geworden bin. Wie ich es bis in die Nationalmannschaft geschafft habe. Doch ich muss die Menschen enttäuschen, die das wissen möchten. Es gibt kein Geheimrezept. Ich habe mein Leben stets mit der schönsten Sache der Welt verbracht, dem Fußballspiel. Dabei war es für mich wichtig, meinen eigenen Weg zu finden und jeden Tag aufs Neue hart an mir zu arbeiten. Gerade in der Jugend und auch im Übergang zum Herrenbereich muss man als Fußballer lernen, zu verzichten. Während die anderen im Alter von 16 bis 20 Jahren auf Partys gegangen sind, Alkohol getrunken haben oder gemeinsam mit Freunden in den Urlaub gefahren sind, standen für mich harte Arbeit und absolute Konzentration im Mittelpunkt. Letztlich ist es mir jedoch nie wirklich schwergefallen, mich zu fokussieren, denn: Das Schönste, was dir das Leben bietet, ist, für etwas zu arbeiten, das es wert ist.

Jeder kann im Leben etwas erreichen, wenn er bereit ist, sich richtig reinzuhängen, Zeit zu investieren und aus Rückschlägen die richtigen Schlüsse zu ziehen. Die hohe Kunst ist es, selbstbewusst, aber trotzdem selbstkritisch zu sein. Wenn man sich durch nichts beirren lässt, wissbegierig bleibt und zielstrebig seinen Weg verfolgt, dann kann man selbst die höchsten Gipfel erklimmen. Man sollte sich jedoch nicht von außen beeinflussen lassen, sondern sich Tag für Tag auf seine Aufgabe konzentrieren. Dann kommt der Fortschritt wie von selbst.

Fragt man mich, ob sich für mich seit dem Beginn meiner Profikarriere viel verändert hat, muss ich das verneinen. Natürlich sind die Rahmenbedingungen andere. Ich werde in der Öffentlichkeit erkannt, habe mehr Verpflichtungen als früher und die finanziellen Möglichkeiten sind andere. Aber im Kern sind die Dinge gleich geblieben. Meine Freunde sind noch dieselben wie zu Schulzeiten. Ich schätze es sehr, Zeit mit ihnen und mit meiner Familie in meinem Heimatort Haltern zu verbringen. Viele meiner Freunde interessieren sich übrigens gar nicht so sehr für Fußball. Für mich ist das eine tolle Möglichkeit, mit ihnen zusammen aktiv von meinem Berufsalltag abzuschalten. Mein Leben abseits des Fußballs hat sich nicht von heute auf morgen verändert. Ich denke, bei allem, was man tut, ist es wichtig, sich selbst treu zu bleiben.

In diesem Buch findet Ihr wertvolle Anregungen und Ratschläge, wie man sich im Fußball bewegen sollte. Neben den Tipps zum Eigentraining bleibt auch außerhalb des Platzes für Spieler und Eltern keine Frage unbeantwortet.

Viel Freude beim Lesen
Euer Benedikt Höwedes

Allgemeines

1

1.1 Von der Pike auf lernen:
Entwicklungsgerechte Inhalte

1.2 Talent – kein göttliches Gen

1.3 Badminton, Schach und Kampfsport:
Ausgleich ist wichtig

I Allgemeines

„Welches Kind hat nicht den Traum, Profi zu werden? Daher mein Rat: versucht alles. Aber es ist wichtig, dass der Ansatz ein spielerischer bleibt."[2]

Andrés Iniesta, FC Barcelona

1.1 VON DER PIKE AUF LERNEN: ENTWICKLUNGSGERECHTE INHALTE

JE EHER, DESTO BESSER

Früh übt sich! Aufgrund der starken Zunahme schulischer Belastung sollten die Anlagen im Sport in möglichst jungem Alter gelegt werden. Das heißt, je eher ein Kind vielfältige Bewegungserfahrungen sammelt, desto besser ist das für die Entwicklung. Kinder sind in der Regel sehr lernwillig. Ihr Körper merkt sich, dass Bewegung gut für ihn ist und die Bewegungsmuster werden schon früh gespeichert. Somit verbessert sich die Koordination merklich.

Einige Grundschulen in Deutschland haben daher das Projekt „tägliche Sportstunde" ins Leben gerufen. Bewegung, Spiel und Sport sollen im Zeichen einer optimalen Gesamtentwicklung während der Grundschulzeit fester Bestandteil des Alltags sein. Dies geschah nicht zuletzt auf Initiative des ehemaligen DFB-Sportdirektors Matthias Sammer, der die tägliche Sportstunde nachdrücklich einforderte. Sie soll das kompensieren, was durch das veränderte Freizeitverhalten abhandengekommen ist: vielseitige Bewegungserfahrung.

Es lässt sich nämlich beobachten, dass Kinder immer seltener klassische „Straßenspiele" wie Verstecken, Hüpfkästchen, Gummitwist o. Ä. spielen. Dafür haben Computer, Smartphone und Fernseher eine deutlich größere Rolle bei der Freizeitgestaltung eingenommen. Daher lohnt es sich, das Kind zu ermutigen, Sport zu treiben. Es sollte jeder Form von sportlichem Interesse nachgehen dürfen und diese ganz in Ruhe ausprobieren. Um das zu gewährleisten, sollten die Eltern eine Vereinbarung treffen, dass das Kind mindestens drei Monate bei der neuen Sportart dabeibleiben muss, um ausreichend Erfahrung zu sammeln.

Im Alter von bis zu sieben Jahren spielt es keine so große Rolle, welchen Sport ein Kind treibt. Es ist nur wichtig, dass es sich regelmäßig und vielseitig bewegt. Wenn man ein Kleinkind nicht nur herumträgt, sondern frühzeitig laufen lässt, wird es automatisch motorisch eine Menge lernen. Es geht in diesem Zusammenhang nicht nur um sportliche Begabung, die sich später bemerkbar macht, sondern auch um anerzogene Persönlichkeitseigenschaften und um den Drang nach Bewegung. Bei kleinen Kindern steht im Fokus, ein positives Gefühl für den eigenen Körper zu entwickeln und bereits bei den ersten Versuchen Erfolgserlebnisse zu haben. Daher sollte man mit einfachen Aufgaben beginnen. Durch diese Erfahrungen wächst die Freude an aktiver Bewegung und das Selbstvertrauen, sich weiteren Herausforderungen zu stellen. Dabei sollten die Kinder jedoch nur die Spiele spielen, die ihnen Freude bereiten. Diese sollten auch noch keinen Wettkampfcharakter besitzen.

> „Für einen Spieler muss es eine Selbstverständlichkeit sein, dass er das Spielgeschehen richtig einschätzt, Situationen antizipiert und dementsprechend handelt. Das kann man nicht mehr als 17-Jähriger lernen. Die Grundlagen müssen bereits in der Jugend gelegt werden und den Spielern in Fleisch und Blut übergehen."[3]
>
> Gerald Vanenburg, ehemaliger niederländischer Nationalspieler, Absolvent der Akademie von Ajax Amsterdam

Fußballspezifische Elemente des Sports kommen erst später. Erste Grundlagen werden im Alter von acht bis elf Jahren erlernt, Basistechniken zwischen zwölf und 14 Jahren, alles Weitere danach.

Menschen zehren oft ein Leben lang von den Grundlagen, die im Kindesalter gelegt werden. Wird ein Kind dazu erzogen, sich viel zu bewegen, ist die Chance hoch, dass es später weiterhin Sport treiben und somit gesund leben wird.

Für den Fußball ist daher zunächst jegliche Bewegungserfahrung dienlich. Deswegen ist es immer gut, nebenbei noch eine andere Sportart zu betreiben, solange es die Zeit erlaubt. Je eher im Fußball die Grundlagen gelegt werden, desto besser ist das für die Entwicklung in diesem Sport. Wenn man erst im Teenageralter mit dem Fußballspielen im Breitensport beginnt, sind die Chancen vergleichsweise gering, irgendwann den Sprung in eine höhere Spielklasse zu schaffen.

FUSSBALL ALS LEHRMEISTER FÜR NAHEZU ALLE BEREICHE DES LEBENS

Der Lohn für das Engagement im Fußball ist jedoch nicht unbedingt in einer besonders hohen Spielklasse zu finden, sondern kann auch im Erreichen von Lebenszielen liegen. Denn bei Sportlern sollte in jeder Alters- und Leistungsstufe die Freude am Spiel über allem stehen. Dabei spielt die entsprechende Liga, in der sich ein Spieler bewegt, zunächst einmal keine Rolle. Denn die Motive, Fußball zu spielen, sind durchaus sehr unterschiedlich: Der eine betreibt seinen Sport als Hobby, um sich fit zu halten, abzuschalten und Zeit mit Freunden zu verbringen, während der andere das maximal Mögliche aus sich herausholen möchte.

Doch unabhängig von der konkreten Situation kann jeder Mensch aus dem Fußball wichtige Inhalte mitnehmen, die über das rein Sportliche hinausgehen, ohne dabei konkrete Karrierepläne zu verfolgen. Da ist zum einen die Faszination, die dieser Sport generell auf Menschen ausübt. Es geht darum, mit anderen gemeinsam etwas zu erreichen. Zum anderen sind in hohem Maße soziale Kompetenzen gefordert, z. B. Teamwork und die Fähigkeit, auf andere Menschen Rücksicht zu nehmen. An jedem Trainingstag werden allen Spielern Wille, Einstellung und Fleiß abverlangt. Rasch lernen sie, sich realistische Ziele zu setzen, üben sich Saison für Saison in Durchhaltevermögen und trotzen Wind und Wetter.

All das sind Eigenschaften, die im späteren Leben auch in außersportlichen Bereichen eine wichtige Rolle spielen. So kann es zum Beispiel dabei helfen, sein Studium erfolgreich zu bewältigen, wenn man schon früh gelernt hat, sich zu konzentrieren und einen gut strukturierten Zeitplan für den Tag, die Woche oder den Monat aufzustellen. Bewirbt man sich um einen Job, verkörpert ein Mannschaftssportler oftmals Teamgeist, Einsatz, Disziplin sowie die Eigenschaft, sich einem gemeinsamen Ziel verschreiben und dafür auch Hierarchien anerkennen zu können. All das, wofür der Fußball also steht, geht weit über das Geschehen auf dem Platz hinaus.

ALTERSSTUFEN IN DER ÜBERSICHT

0-7 Jahre: Vielfältiges Bewegen
Möglichst viel Bewegungserfahrung sammeln, Parallelsportarten betreiben.

8-11 Jahre: Fußball verstehen lernen
Erste fußballspezifische Erfahrungen sammeln. Grundzüge des Fußballs und Idee des Spiels verstehen.

12-14 Jahre: Erlernen der Basistechniken
Einfache Techniken und taktische Abläufe mit dem Ball erlernen.

15-18 Jahre: Andere Kraftmomente
Ausgleichen körperlicher Defizite im Kraftbereich.

> 18 Jahre: Feinschliff
Optimierung aller Bereiche, viel Arbeit im Kraftbereich.

DAS ABC DES SPIELENS

Bereits 1998 wurde in Heidelberg von Prof. Dr. Klaus Roth ein ähnliches Projekt wie die tägliche Sportstunde mit Grundschulen aus der Umgebung ins Leben gerufen: die **Heidelberger Ballschule**. Kinder zwischen fünf und acht Jahren sollen hier professionell angeleitet das ABC des Spielens erlernen. Inzwischen gibt es deutschlandweit Kooperationen, sodass die Ballschule nicht länger lokal begrenzt ist.

Ziel der Heidelberger Ballschule ist es, dass Kinder wieder spielen lernen. Bevor sie sich auf eine bestimmte Sportart festlegen und immer weiter spezialisieren, sollen sie lernen, sportartübergreifend mit dem Ball umzugehen. Wichtige Grundlagen sind hierbei:

- ins Ziel zu treffen;
- den Ball zum Ziel zu bringen;
- einen Vorteil herauszuspielen;
- Zusammenspiel;
- Lücken zu erkennen;
- Gegnerbehinderung zu umgehen;
- sich anbieten und orientieren.

Daher wird großer Wert auf folgende Sportarten gelegt, die mit Hand, Fuß oder Schläger gespielt werden:

Zielschussspiele
- Basketball,
- Handball,
- Fußball,
- Hockey.

Rückschlagspiele
- Volleyball,
- Tennis, Badminton.

Vielfalt, Experimentieren und Ausprobieren stehen absolut im Vordergrund.

GRUNDLAGEN DER BALLSCHULE

Spielerisch-situationsorientiert
Spielübergreifende Taktik: den Ball ins Ziel zu bringen.

Fähigkeitsorientiert
Koordination, d. h. Ballgefühl, Ballgewandtheit und Ballgeschicklichkeit.

Fertigkeitsorientiert
Spielübergreifende Technik: Fangen, Werfen, Schießen, Laufwege und Tempo zum Ball.

PRINZIP DER HEIDELBERGER BALLSCHULE

Ballkoordinationsschulung =

Einfache Ballfertigkeiten

\+

Vielfalt
feinmotorisch und grobmotorisch
optisch, akustisch usw.

\+

Einfache Ballfertigkeiten
Zeitdruck
Präzisionsdruck, Variabilitätsdruck
Komplexitätsdruck
Belastungsdruck, Organisationsdruck

1.2 TALENT – KEIN GÖTTLICHES GEN

Jeder kann alles schaffen! Er muss es nur wollen und bereit sein, entsprechend intensiv zu trainieren. Erfolg resultiert nicht aus einem göttlichen Gen namens Talent, sondern ist das Produkt harter Arbeit. Natürlich ist eine gewisse Begabung förderlich für die Entwicklung, aber auch hier ist Eigeninitiative unerlässlich, sonst verkümmert das Talent. Wer früh beginnt, kann daher in fast allen Bereichen außergewöhnlich gut werden. Denn nur auf einer stabilen Grundlage lässt sich etwas Großes aufbauen.

DEFINITION: TALENT

„Begabung, die jemanden zu ungewöhnlichen bzw. überdurchschnittlichen Leistungen auf einem bestimmten, besonders auf künstlerischem Gebiet befähigt."[4]

Jeder Mensch hat Talent. Aber es liegt in seiner Hand, was er daraus macht. Denn Talent kann man nicht messen. Vielmehr muss es für Trainer und Scouts in Form von Leistungsauffälligkeiten in Training und Spiel demonstriert werden. Beobachtet wird nämlich nur die erbrachte Leistung. Diese wird dann im Sinne einer Begabung interpretiert, doch ob die „messbare" Leistung aus Talent oder aus harter Arbeit entspringt, ist für den Außenstehenden nicht nachvollziehbar. Während ein Fußballer also eine Bilderbuchkarriere hinlegt und es bis in die Bundesliga schafft, wird ein anderer mit ähnlichen Anlagen vielleicht ein Leben lang nur Amateurfußball spielen. Und auch bei den Stars, die ganz oben ankommen, sollte man immer bedenken, dass ihr Weg nie geradlinig war, dass auch sie Hindernisse zu überwinden hatten, Rückschläge verkraften mussten.

Mario Götze, Siegtorschütze im WM-Finale 2014, ist hierfür ein sehr gutes Beispiel:

„Ich glaube, es erreicht keiner diese Dinge, weil es einfach so passiert. Es gab all die Jahre immer Widerstände zu überwinden: Schon in der Jugend hatte ich Verletzungen, mein Körper war nicht von null auf 100 gleich da. Als ich mit 17 zu den Profis gekommen bin, sah ich aus wie ein kleiner Junge. Dann hatte ich acht Monate Probleme mit dem Schambein. Dann kam die EM 2012, bei der ich kaum eine Rolle gespielt habe, dann kam der Wechsel. Ich habe mit 18 schon Situationen erlebt, die ruhig auch später hätten kommen können. Die wenigsten wissen, wie viel Arbeit und Kampf auch bei talentierten Spielern dazugehört."

Denn für die Talententwicklung sind zahlreiche Faktoren entscheidend: u. a. Trainer, Training, (soziales) Umfeld und natürlich der Spieler selbst. Jeden Tag muss er neue Herausforderungen bewältigen, jeden Tag muss er die Bereitschaft haben, aufs Neue sein Bestes zu geben. Daher sind Talentprognosen in jungen Jahren sehr schwierig. Eins ist jedoch sicher: Entscheidend für die bestmögliche Entfaltung des Talents ist es, dass die Freude am Fußball stets größer ist als der subjektiv empfundene Druck, denn dann kommt die Motivation für starke Leistungen aus dem Spieler selbst heraus und dann wird er sich nicht scheuen, viel zu investieren, weil er es gerne tut.

MIT ARBEIT UND EHRGEIZ IST ALLES MÖGLICH

Für einen Fußballspieler ist eine grundsätzliche sportliche oder motorische Begabung eine Erleichterung beim Training. Aber auch wenn die Anlage nicht so stark ausgeprägt ist, kann er sich positiv entwickeln. Auf den Willen kommt es an, denn Fortschritt stellt sich automatisch ein. Wenn der Spieler bereit ist, viel Zeit zu investieren und Tag für Tag mit höchster Konzentration an sich und seinen Fähigkeiten zu arbeiten, wird er sich bald verbessern. Erfolg hängt also davon ab, was wir selbst von uns zu fordern bereit sind. Bei einem Fußballer lässt sich die sportliche Entwicklung allerdings nur bei einer regelmäßigen Trainingsbeteiligung erkennen. Hier zeigt sich, was er bei entsprechender Förderung lernt.

„Als Kind spürt man, ob Talent vorhanden ist und ob man das Spiel beherrscht. Aber wenn du nicht seriös trainierst, reicht allein das Talent nicht aus."[5]

Franck Ribéry, FC Bayern München

Wichtig ist es, Schritt für Schritt zu gehen und sich nicht über einen längeren Zeitraum zu viel abzuverlangen. Dann droht die Freude verloren zu gehen, mit der man einst begonnen hat, Fußball zu spielen. Werner Kern, langjähriger Leiter des Nachwuchsleistungszentrums des FC Bayern, veranschaulicht am Beispiel von Thomas Müller, wie wichtig kontinuierliche Entwicklung ist und wie sie, gepaart mit einem Hauch positiver Besessenheit, den Unterschied machen kann: „Thomas hat seinen größten Schub erst gemacht, da kam er zu den Erwachsenen. Dass er ein sehr guter Fußballer wird, war früh klar. Aber dass er ein Weltstar wurde, liegt daran, dass er sich noch weiterentwickelt hat, als andere längst stagniert haben."[6]

Und am Beispiel von Pavel Nedved erkennt man, dass sich Extraschichten durchaus bezahlt machen. Denn als er noch Kind war, gab es nur „Pavels Talent, seinen Ehrgeiz und einen Fußball. Vater Vacláv war selbst ein guter Spieler, zweite Liga, so nahm er den Jungen mit auf den Platz. Der machte schon als Kind immer eine Trainingseinheit mehr als die anderen. Der Junge wurde besser, tolle Technik, großartige Übersicht. Der könnte ein Großer werden, dachte man, ein richtig Großer, eines Tages."[7] Das Eigentraining hat den Unterschied gemacht, einen Teil dazu beigetragen, dass der Tscheche jahrelang erfolgreich bei Sparta Prag, Lazio Rom und Juventus Turin aktiv war und es auf 91 Länderspiele für sein Heimatland brachte.

GLAUBE AN DICH: MICHAEL JORDAN

Er war einer der größten Basketballspieler der Welt, aber im Alter von 16 Jahren scheiterte Michael Jordan bei der Aufnahme ins Basketballteam der Laney Highschool. Doch er hat den Glauben an sich niemals verloren und hartnäckig weitertrainiert. Durch eine enorme Leistungssteigerung in den beiden Folgejahren erhielt Jordan Angebote für mehrere Sportstipendien. In seiner späteren Karriere gewann er sechs NBA-Titel mit den Chicago Bulls, wurde fünfmal als wertvollster Spieler der Saison ausgezeichnet, war zehnmal bester Schütze der Saison und bestritt 13 Allstar-Spiele. Außerdem hat er den höchsten NBA- und den höchsten Play-off-Karriere-Punkteschnitt.[8]

DAS GEHEIMNIS DER BEGABUNG[9]

Je genauer man sich die Lebensläufe erfolgreicher Persönlichkeiten anschaut, desto stärker verblasst die Magie, die man mit deren Erfolg verbindet.

Jeder Erfolg, der über Nacht kommt, ist das Produkt von zehn Jahren harter Arbeit.

Golfprofi Tiger Woods schaute seinem Vater von klein auf, im Hochstuhl sitzend, beim Üben des Abschlags zu. Im Alter von nicht mal einem Jahr schleppte er selbst einen maßgefertigten Schläger durch die Wohnung. „Es ist erstaunlich, wie viel man lernen kann, wenn man etwas wirklich gerne macht", sagt er über sein Golfspiel. Ex-Torwart Oliver Kahn beschreibt sein Erfolgsrezept so: „Arbeit, Arbeit, Arbeit!" Microsoft-Gründer Bill Gates verbrachte fast seine gesamte Jugend mit dem Programmieren der ersten Lochkartencomputer.

Alle drei Persönlichkeiten verbindet eins: Sie haben früh damit begonnen, sich intensiv mit ihrem Hobby zu beschäftigen. Sie haben unendlich viel Zeit darauf verwendet, immer besser zu werden und haben ihre Leidenschaft schließlich zu ihrem Beruf gemacht. Wer früh beginnt, kann nämlich in fast allem außergewöhnlich gut werden. Man muss allerdings Freude an der Tätigkeit finden, um einen solchen inneren Antrieb zu entwickeln. Ohne Spaß ist niemand dazu bereit, sich mehrere Stunden am Tag mit einer Sache zu beschäftigen.

„Bisher existiert kein überzeugender Beweis, dass besondere Fähigkeiten angeboren sind", sagt der Psychologe Anders Ericsson von der Florida State University, der der führende Talentforscher ist. Die Vorstellung, spezielle Fertigkeiten wie Malen, Programmieren oder Radfahren „seien genetisch bedingt, ist falsch". So ernüchternd diese Erkenntnis ist, so viele Chancen stecken darin. Denn Menschen können viel mehr, als sie glauben. Ericssons Faustregel: „10.000 Übungsstunden benötigen Menschen, um außergewöhnliche Fähigkeiten zu entwickeln." Einzige Voraussetzung: Sie müssen körperlich und geistig gesund sein. Das Lerntempo spielt keine Rolle. Einige machen zu Beginn zwar schneller Fortschritte. Mit zunehmender Übung holen die Langsameren jedoch auf.

Beharrlichkeit zahlt sich aus! Walter Perrig von der Universität Bern hat intensiv mit Hochbegabten gearbeitet und dabei festgestellt, dass „Leistungsbereitschaft wichtiger ist als Intelligenz". Menschen können das, was sie können wollen.

Tipp: Bleibe immer am Ball und gib nicht auf, wenn sich der Erfolg nicht sofort einstellt. Im Leben und im Fußball sind dir keine Grenzen gesetzt. Du kannst alles schaffen, wenn du es nur wirklich willst und wenn du bereit bist, Zeit und Herzblut zu investieren. Du hast deinen Erfolg selbst in der Hand.

„15 Prozent sind Talent und 85 Prozent harte Arbeit."[10]

Horst Hrubesch, DFB-Juniorennationaltrainer

EINFLUSS ÄUSSERER FAKTOREN

Es mag auf den ersten Blick verblüffen, wenn man sieht, dass alle Mitglieder der Skilanglaufnationalmannschaft aus demselben Landkreis stammen. Beim zweiten Blick wird jedoch klar, dass auch die äußeren Gegebenheiten einen großen Einfluss auf Sportlerkarrieren haben. So werden Kinder, die in der Nähe von Wintersportgebieten aufwachsen, in der Regel eine große Affinität zum Wintersport entwickeln. Kinder, die einen Ort zum Fußballspielen vor der Haustüre haben, werden sich automatisch mehr mit diesem Sport beschäftigen. Daher ist es an den Eltern, zu entscheiden, welche Lebensumgebung sie für ihr Kind schaffen wollen und können.

INTERVIEW MIT LANG LANG: DER GLAUBE AN SICH KOMMT AUS DER ARBEIT

Focus: Vertrauen Sie Ihrem Talent?

Lang Lang: Oh ja. Selbstbewusstsein ist wichtig.

Focus: Sie verlassen sich mehr auf Ihr Talent als auf Ihr Training?

Lang Lang: Nein, nein. Der Glaube an sich selbst kommt natürlich aus der Arbeit. Je härter man trainiert, umso besser das Ergebnis. Ich habe schon mit zwei Jahren Klavierspielen gelernt und bin mit der Musik aufgewachsen. Sie war in gewisser Weise immer da und gehört zu mir. Das gibt Sicherheit. Natürlich zweifle ich an manchen Tagen an meinem Können, dann jedoch setze ich mich ans Klavier und das Selbstvertrauen ist wieder da.

Focus: Gibt es Pianisten, die genauso viel geübt haben wie Sie?

Lang Lang: Viele. Ich stamme schließlich aus China, wir sind hart arbeitende Menschen und durch die Ein-Kind-Politik verlangen Eltern viel von ihren Söhnen und Töchtern.

Focus: Zurück zu Ihnen ...

Lang Lang: Mein Vater verkörpert die alte Schule: Ein gutes Pferd braucht die Peitsche, damit es noch schneller läuft. Er war von meinem Talent überzeugt, aber auch davon, dass er mich antreiben musste. Niemand auf der Welt will schließlich acht Stunden üben, jeden Tag und selbst an den Wochenenden, zusätzlich zur Schule. Da bleibt nicht viel Zeit für Kinderspiele.

Focus: Spaß hat es Ihnen also nicht gemacht?

Lang Lang: 60 Prozent waren großartig, 10 Prozent okay und 30 Prozent furchtbar, oder sagen wir schlecht. Aber selbst, wenn ich die Übungsstunden zu 100 Prozent toll gefunden hätte, mein Vater hätte mich trotzdem angetrieben. Das ist sein Charakter. Als ich Kind war, unterhielten wir uns nie über etwas Persönliches, immer nur über Musik und Fußball.

Focus: Wie viel von Ihrem Vater steckt in Ihnen?

Lang Lang: Ohne ihn stünde ich wohl nicht hier. Insbesondere als Kind benötigt man Hilfe und jemanden, der einem den Weg zeigt. Ich habe viel von meinem Vater gelernt, auch wenn er immer wieder falsch lag.[11]

1.3 BADMINTON, SCHACH UND KAMPFSPORT: AUSGLEICH IST WICHTIG

Wer sein Fußballspiel perfektionieren möchte, sollte beim Sport auf Vielfalt setzen. Fähigkeiten, die im fußballerischen Wettkampf den entscheidenden Unterschied ausmachen, lassen sich teilweise sogar besser mit sogenannten *Ausgleichssportarten* trainieren.

PUZZLETEILE ZUM PERFEKTEN FUSSBALLER

Was hat Schach mit Fußball zu tun? Warum kann mir eine Squashpartie dabei helfen, Tore zu schießen?

Unterschiedliche Sportarten haben unterschiedliche Schwerpunkte. Bei einer Sportart steht Laufen im Vordergrund, bei einer anderen Koordination oder räumliches Sehen. Eines haben diese Sportarten aber gemeinsam: Nahezu alle Elemente, die dem Sportler abverlangt werden, finden sich in unterschiedlicher Ausprägung im Fußballspiel wieder. Deswegen hat ein Spieler, der viele Facetten beherrscht, einen deutlichen Vorteil gegenüber seinen Mitspielern und Gegnern. Außerdem dient Vielseitigkeit in Bewegung und Belastung auch der Verletzungsprophylaxe.

Hat man zum Beispiel durch den Fußball überentwickelte untere Extremitäten, dafür aber eine unterentwickelte Hüft-Rumpf-Muskulatur, steigt die Wahrscheinlichkeit von Sehnenansatzrissen am Beckenkamm. Daher ist es immer gut, die Belastung durch den Fußball anderweitig auszugleichen. Wie kleine Puzzleteile, die man zu einem kompletten Bild zusammenfügt, ergeben viele Fähigkeiten, die sich der Spieler in anderen Sportarten angeeignet hat, einen kompletten Fußballer.

BEISPIELE

Was zunächst ziemlich abstrakt klingt, ist in der Praxis eigentlich ganz einfach. Hier ein paar Beispiele:

- Beim Squash bewegen sich zwei Spieler in einem relativ kleinen Spielfeld. Deswegen ist neben einer intensiven Beinarbeit ein gutes räumliches Sehen gefordert. Ansonsten würden die Sportler sich ständig gegenseitig behindern oder sogar im Lauf gegeneinanderprallen. Squash, Tennis und Badminton erfordern eine optimale Position des Spielers zum Ball, wenn er diesen zurückschlägt. Also muss er sich explosiv bewegen, unterschiedliche Schrittfolgen und eine gute Koordination beherrschen. Zudem gibt es Schrittfolgen, die größtenteils auch im Fußball gefordert werden.
- Schach kann ebenfalls im Fußball hilfreich sein, auch wenn man sich dabei nicht körperlich anstrengt. Aber ein Schachspieler benötigt, ähnlich wie ein Fußballer, eine Strategie, um von einer Seite des Spielfeldes auf die andere Seite zu gelangen.

- Leichtathletik und Turnen sind ideal für die motorische Ausbildung, denn hier sammelt man ganz unterschiedliche Arten von Bewegungserfahrung. Besonders das Turnen fördert Beweglichkeit und Geschmeidigkeit. Daher integriert z. B. die SpVgg Unterhaching beide Sportarten 14-tägig in das Training von U 10 und U 11.
- Kampfsport erfordert schnelle Reaktionen und Entscheidungen in Bruchteilen von Sekunden. Also wird man auch auf dem Platz schneller Entscheidungen treffen können. Außerdem wird die Koordination in hohem Maße geschult. Das Training spricht extrem viele Muskeln an, was zu einer hohen Ganzkörperkraft führt. Judo hat zudem eine besondere Fallschule. Stürze auf dem Fußballplatz können besser abgefangen werden und die Verletzungsgefahr ist nicht so groß. Daher hat z. B. Ajax Amsterdam ein regelmäßiges Judotraining in die Arbeit in seiner Jugend-Akademie eingebaut.
- Manchmal sind auch Regeln denen des Fußballs ähnlich. Eishockey ist eine weitere Sportart, in der es Abseits gibt.

BEDEUTUNG VON AUSGLEICHSSPORTARTEN

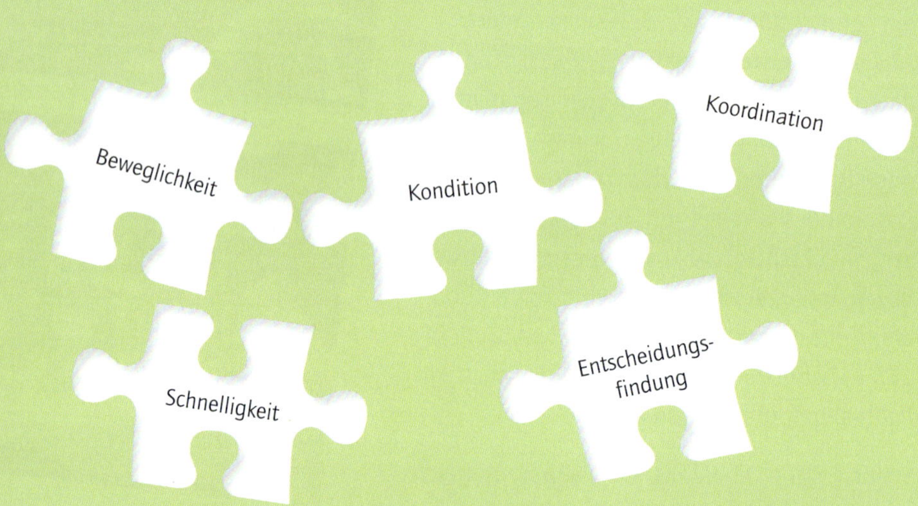

LIFE KINETIK – SO MACHEN ES DIE PROFIS

Im Profifußball wird besonders hart daran gearbeitet, dass sich jeder Spieler individuell verbessert. Jedes noch so kleine Detail ist dabei wichtig. Vereine wie Borussia Dortmund und die TSG 1899 Hoffenheim setzen dabei auf *Life Kinetik*.

Diese Trainingsmethode hat der Diplom-Sportlehrer Horst Lutz aus München entwickelt. Damit soll die räumliche Wahrnehmung und Koordination von Fußballern verbessert werden. Das Life Kinetik-Training ersetzt nicht das Fußballtraining, sondern ist ein zusätzlicher Baustein.[12] „Dieser hilft dabei, in bestimmten Situationen auf dem Platz flexibler und schneller zu handeln und aus

DIE DREI BAUSTEINE VON LIFE KINETIK

Life Kinetik trainiert ...

... visuelle Wahrnehmung
- Flugkurve des Balls richtig einschätzen
- Gegner nicht aus den Augen verlieren
- Viele Dinge gleichzeitig wahrnehmen und eine gute Übersicht haben

... Arbeitsgedächtnis
- Handlungsmöglichkeiten erkennen
- Durchführbarkeit in kürzester Zeit überprüfen
- Je mehr Informationen vorliegen, desto besser muss das Arbeitsgedächtnis sein

... Vielfalt
- Bewegungsmuster für unterschiedliche Situationen abrufen
- Stressresistenz, um unter Zeitdruck die richtige Entscheidung treffen zu können

„Bei Life Kinetik beschäftigen sich die Spieler mit aufeinander aufbauenden, aber ständig wechselnden Bewegungsvarianten. Daraus resultiert die Möglichkeit, auf verschiedenste Dinge viel schneller, viel klarer und viel gezielter reagieren zu können."[13]

Jürgen Klopp, Cheftrainer FC Liverpool

einer Vielzahl von Möglichkeiten die richtige auszuwählen", erklärt Lutz. „Je mehr antrainierte Vernetzungen es im Gehirn gibt, desto höher ist die Leistungsfähigkeit."

DAS BRINGT LIFE KINETIK AUF DEM PLATZ

Fußball ist eine der komplexesten Sportarten überhaupt, in der hohe Ansprüche an Technik, Taktik, Kondition und Psyche gestellt werden. Auf dem Platz muss ein Spieler die Situation erkennen, die Handlungsmöglichkeiten abwägen und seinen Plan unter höchstem Zeitdruck in die Tat umsetzen. Dafür kann Life Kinetik bestimmte Grundlagen verbessern:

- Visuelle Wahrnehmung: Schnelles Erkennen, dass es sinnvoll ist, z. B. durch das Umspielen eines Gegenspielers eine Überzahlsituation zu schaffen.
- Leistungsfähiges Arbeitsgedächtnis: Möglichst viele Optionen (z. B. Übersteiger) parat haben, um einen Gegenspieler auszuspielen. Eine Entscheidung treffen, welche dieser Möglichkeiten die Beste ist.
- Flexible Körperbeherrschung: Rasches und präzises Durchführen der gewählten Option. Je weniger Stress vorhanden ist, desto sicherer wird das passende Bewegungsmuster abgerufen. Weil man bei Life Kinetik viele Aufgaben bewältigen muss, die völlig neu sind, muss das Gehirn neue Wege zwischen den Gehirnzellen suchen. Diese neu geschaffenen Vernetzungen der unterschiedlichen Gehirnareale erhöhen die Flexibilität.

Bereits bei einem nur 60-minütigen Life Kinetik-Training pro Woche verbessert sich die Koordination von Auge und Hand sowie von Auge und Bein. Außerdem nimmt die Gleichgewichtsfähigkeit zu.[14]

VOM HOBBY PROFITIEREN

Sport macht Spaß. Je breiter das Spektrum ist, welches sich ein Spieler aneignet, desto ausgeprägter sind seine spielerische Ader und sein Spielverständnis. Man kann über verschiedene Spiele eine Spielfähigkeit entwickeln und diese dann im Fußball perfektionieren. Nicht umsonst lassen Fußballtrainer in ihren Einheiten immer wieder Handball spielen.

Außerdem profitiert der Spieler davon, durch unterschiedliche Sportarten intellektuell vielseitig gefordert zu werden. Das schließt auch das Training des Blickfeldes und der räumlichen Orientierung ein. Darüber hinaus wird der Muskel-Sehnen-Apparat nicht zu einseitig belastet, was zur Vorbeugung von Verletzungen beiträgt.

Eine Ausgleichssportart, die die Koordination beider Körperhälften einfordert, ist perfekt für die Ausbildung eines vielseitigen Fußballers. Er wird keine „Schokoladenseite" entwickeln, sondern den Ball mit seinem rechten und linken Fuß gleichermaßen gut behandeln können.

Tipp: Sei offen für andere Sportarten und lege dich nicht zu früh darauf fest, ausschließlich Fußball zu spielen. Von jeder anderen Sportart wird dein Fußballspiel profitieren.

BEDEUTUNG VON AUSGLEICHSSPORTARTEN

Vielseitigkeit	Ablenkung	Ausgleich
Motorische Programme	Verletzungsprophylaxe	Intellektueller Anspruch

Der ideale Spieler

2

2 Der ideale Spieler

„Die Barca-Methode beinhaltet mehr als das 3-4-3. Es geht um Verantwortung, Disziplin, Organisation, Hingabe und auch Opferbereitschaft."[15]

Hristo Stoichkov, früher FC Barcelona

2.1 WAS MUSS EIN SPIELER IN DER ZUKUNFT KÖNNEN?

Moderner Fußball erfordert moderne Spieler. Fortschritt bedeutet vor allem Flexibilität. Je mehr Positionen ein Spieler ausfüllen kann, desto wertvoller ist er für den Erfolg der Mannschaft. Deswegen gilt es, tagtäglich an der Verbesserung und Erweiterung nahezu aller Fähigkeiten zu arbeiten.

GUTE CHANCE FÜR ALLZWECKWAFFEN

Was haben Thomas Müller und David Alaba vom FC Bayern sowie Andrés Iniesta vom FC Barcelona gemeinsam? Sie stehen nicht nur bei zwei der besten Vereine Europas unter Vertrag. Das Trio ist außerdem in der Lage, unterschiedliche Positionen zu bekleiden. Für einen Trainer ist es optimal, solche Spieler in der Mannschaft zu haben. Sie sind vielseitig einsetzbar. Je nach Gegner kann er sie auf der Position spielen lassen, auf der ihre Qualitäten am besten zur Geltung kommen. Außerdem können sie bei Verletzungssorgen jederzeit aushelfen. Ob rechts, links, zentral – sie sind Allzweckwaffen und haben besonders gute Chancen, aufgrund dieser Vielseitigkeit regelmäßig zum Einsatz zu kommen.

> „Es ist uns in dieser Saison gelungen, jeden Spieler zu ersetzen. Für eine Topmannschaft ist das wichtig und Ausdruck einer gefestigten, taktisch geordneten und disziplinierten Elf."[16]
>
> Philipp Lahm, FC Bayern München

Oft hört man in Interviews mit Bundesligaprofis den Satz: „Ich spiele dort, wo der Trainer mich aufstellt." Was abgedroschen klingt, ist längst keine Selbstverständlichkeit. Man denke an einen Franck Ribéry, der keinen Hehl daraus macht, dass er sich auf dem linken Flügel weitaus wohler fühlt als auf der „Zehn".
Im Gegensatz dazu Douglas Costa, der unter Pep Guardiola auf dem linken Flügel begonnen hat und vom Trainer ins Zentrum beordert wurde. Auch dort begeisterte er mit starken Leistungen. Joel Matip von FC Liverpool ist gelernter Innenverteidiger, half in seinem letzten A-Jugend-Jahr aber auch erfolgreich im Angriff aus. Bei seinem Bundesligadebüt gegen den FC Bayern spielte er im defensiven Mittelfeld und erzielte prompt einen Kopfballtreffer. Vielseitigkeit zahlt sich aus!

MUT, DEMUT UND VERTRAUEN

Die Bereitschaft, überall dort zu spielen, wo einen der Trainer aufstellt, signalisiert eine Art von Demut. Gerade für einen jungen Spieler ist es wichtig, sich in das Mannschaftsgefüge zu integrieren, unvoreingenommen zu sein und dem Fachwissen des Trainers zu vertrauen. Wenn ein Fußballer z. B. bereits in der Jugend ein begnadeter Spielmacher

ist, aber noch Defizite im Defensivverhalten hat, dann kann es sein, dass der Trainer ihn bewusst auf der „Sechs" spielen lässt, damit er mehr Zweikämpfe im Spiel gegen den Ball führt. Nur so kann er sich in diesem Bereich verbessern und an seiner Vielseitigkeit arbeiten.

Nur durch Fehler entwickelt man sich weiter.

Es ist ein Zeichen von Mut, wenn der Spieler sich der Herausforderung einer neuen Position und deren Aufgaben stellt. Nimmt er diese an und erfüllt sie bedingungslos, spricht das für seine Stärke und sein Selbstvertrauen. Natürlich können ihm jederzeit Fehler unterlaufen. Das ist ganz normal, wenn man etwas Neues ausprobiert. Wichtig ist, aus diesen Fehlern zu lernen und sie möglichst nicht zweimal zu machen. Auf diese Weise wird sich ein Spieler ganz sicher hervorragend entwickeln.

VIELSEITIGKEIT ALS PLUSPUNKT: ANDRÉS INIESTA

"Es stimmt, ich habe dieses Ding, dass ich auf allen möglichen Positionen nicht so schlecht zurechtkomme. Im Mittelfeld bin ich aufgewachsen, aber bei Barca spiele ich vom rechten Außenverteidiger bis zum Linksaußen alles. In der Nationalelf setzt mich der Trainer jetzt auf dem rechten Flügel des Mittelfeldes ein. Das ist auch wieder neu. Aber ich bin froh, solange sich irgendeine Position für mich auf dem Feld findet."[17]

Andrés Iniesta, FC Barcelona

Eine hohe Bereitschaft, an sich zu arbeiten, ist notwendig. Eine Einstellung, die Youngster Julian Weigl 2015 nach seinem Wechsel von 1860 München zu Borussia Dortmund an den Tag legte, was ihm ein Sonderlob seines Trainers Thomas Tuchel einbrachte. Er sei ein „‚wahnsinnig aufmerksamer Lerner', der sich ‚jeden Tag freut, wenn er ins Training kommt.' Außerdem bescheinigte der Coach dem gebürtigen Rosenheimer eine gute Erziehung. ‚Er ist ganz wohlerzogen, ein sehr angenehmer junger Mann.'"[18]

HÖHER, SCHNELLER, WEITER ...

Im Leistungsbereich steigen automatisch die Ansprüche an den Spieler, je älter er wird. Das bezieht sich vor allem auf folgende Bereiche:

- Zeitdruck,
- Gegnerdruck,
- Technik sowie
- Taktik.

Die Zeit, um auf dem Platz Entscheidungen zu treffen, wird proportional zum steigenden Spieltempo kürzer. Die Gegner werden immer robuster und besser. Darauf muss man sich vorbereiten. Wer jedes Training ernst nimmt, wird sich automatisch in genau diesen Bereichen verbessern. Schließlich wird er in der Lage sein, auch unter extrem hohem Zeit- und Gegnerdruck Technik und Taktik perfekt umzusetzen.

UNTERSCHIEDLICHES SPIELVERHALTEN

Jede Position verlangt von einem Fußballer ein anderes Spielverhalten. Je genauer er dieses an die jeweils geforderte Position anpassen kann, desto höher ist die Qualität des Spielers einzuschätzen.

Am besten lässt sich das anhand eines Beispiels erklären. Andrés Iniesta beginnt in der Startformation des FC Barcelona zumeist als „Sechser", also als defensiver Mittelfeldspieler im Zentrum vor der Abwehr. Diese Position erfordert in hohem Maße Ausdauer von ihm, sein Hauptaugenmerk liegt auf einem

sicheren Passspiel, Ballkontrolle und Ballzirkulation, um die Mitspieler in Szene zu setzen. Aufgrund einer Auswechslung rückt Iniesta nun von der „Sechser"- in eine Außenstürmerposition. Hier sind anstelle einer stetigen Ausdauerleistung schnelle Antritte gefordert. Er muss viele 1:1-Situationen meistern, sich im Dribbling durchsetzen und Zug zum Tor entwickeln. Innerhalb weniger Augenblicke vermag Iniesta sein Spielverhalten komplett umzustellen. Das zeichnet ihn als Weltklassespieler aus.

Grundsätzlich ist es so, dass viele Trainer mit ihrer Art, spielen zu lassen, einen gegnerorientierten Ansatz verfolgen. Das wirkt sich auf das Anlaufverhalten ebenso aus wie auf die verschiedenen Arten des Pressings, die praktiziert werden. Daher muss ein Spieler vielseitig auf diese Anforderungen des Spiels reagieren können, er muss taktische Vorstellungen und Matchpläne umsetzen. Das erfordert eine große Auffassungsgabe und eine hohe Merkfähigkeit.

TRENDSETTER UND VORBILDER

Als Weltmeister 2010 und Europameister 2012 galt Spanien über Jahre als das Maß der Dinge. Zwar erzielten die Spanier bei der WM 2010 nur acht Treffer, hatten von allen Mannschaften aber die meisten Torabschlüsse, weswegen der Fußball des Teams des damaligen Trainers Vicente del Bosque Vorbildcharakter hatte und in gewisser Hinsicht immer noch hat.

Auffällig beim spanischen Offensivspiel ist vor allem, dass die Kombinationen nicht nur auf einstudierten Laufwegen, sondern auch auf häufigen Positionswechseln basieren. Mit entsprechender Handlungsschnelligkeit lassen sich also Lösungen für diverse Spielsituationen entwickeln.

Xavi lässt sich beispielsweise aus dem Zentrum heraus oft in die eigene Hälfte fallen, um das Spiel von dort zu eröffnen. Mit Sergio Ramos schaltet sich ein ums andere Mal ein Außenverteidiger in das Offensivspiel über den rechten Flügel ein. Damit wird ein gegnerischer Mittelfeldspieler gebunden, was eine Gleich- oder Überzahlsituation im Zentrum bedeutet. Auch hier zahlt sich Variabilität aus.

Bei der WM 2014 hatten jedoch die Deutschen die Nase vorn. Das Team von Cheftrainer Joachim Löw war immer bestrebt, dominant aufzutreten. Darüber hinaus hat es die DFB-Elf verstanden, eine Mischung aus spanischem „Tiki-Taka" (Ballbesitzspiel), situativ gespielten langen Bällen und einem sehr guten Umschaltverhalten in beide Richtungen zu finden. Hinzu kamen in besonderem Maße Teamgeist und absoluter Siegeswille.

Diese Beispiele aus der jüngsten Vergangenheit zeigen, dass Vorbilder immer nur Zeiterscheinungen sind. Das liegt daran, dass Länder bei der Ausbildung einer Mannschaft und in Hinblick auf die Qualität von Topspielern immer wieder neue Akzente setzen.

Es gibt Nationen, die lediglich für ein Turnier eine schlagkräftige Mannschaft formen und über einen kürzeren Zeitraum für Furore sorgen. Es gibt aber auch Länder, die eine fußballerische Ära begründen. Spanien hat das vollbracht. Ob Deutschland ein ähnlicher Erfolg gelingt, bleibt abzuwarten, denn die Konkurrenz schläft nicht. Gerade Frankreich liefert derzeit zahlreiche Hinweise, dass auch diese Nation in der Lage sein könnte, ein neues Zeitalter im Fußball zu begründen.

2.2 MIT MAXIMALER EINSTELLUNG ZU MAXIMALEM ERFOLG

Ob im Training oder im Spiel: Auf die **Einstellung** kommt es an. Ein motivierter Fußballer punktet nicht nur beim Trainer, sondern kann für sich selbst das maximal Mögliche mitnehmen. Gute Zusammenarbeit ist unabdingbar für die Weiterentwicklung des Spielers.

Ein Schüler, der fleißig lernt, schreibt in der Regel gute Noten. Genauso spielt ein Fußballer, der engagiert und viel trainiert, guten Fußball. Aber bevor der Schüler oder der Sportler sich auf dieses „Mehr" an Arbeit einlassen, müssen sie motiviert sein. Motivation ist der Schlüssel zum Erfolg. Und den kann man nur selbst beeinflussen.

Jeder Spieler ist für seine Entwicklung selbst verantwortlich.

„Was treibt mich an?" Diese Frage muss man sich immer stellen, wenn man etwas tut. Verfolgt man ein Ziel ernsthaft, wird die Eigenmotivation so groß sein, dass man bereit ist, mehr zu tun als die anderen. In der Regel bedeutet das auch, mehr zu erreichen. Tut man weniger oder so viel wie alle anderen, wird man auch weniger erreichen bzw. nur das, was allen anderen auch gelingt.

Ein Schlüsselmerkmal im Leistungsfußball ist **Aggressivität**. Hiermit ist nicht der Ausdruck des Wesens eines Spielers gemeint, sondern seine Handlungen auf dem Platz, sein Durchsetzungsvermögen. Das beginnt mit der Art, wie er einen Pass spielt, führt hin zu seinem Zweikampfverhalten und hört bei der Ballan- und -mitnahme noch lange nicht auf. Der Trend, dass Aggressivität und Siegermentalität bereits in der Jugend ausschlaggebende Merkmale sind, ist besonders seit der Einführung der Juniorenbundesligen in der Saison 2003/2004 zu beobachten. In Deutschland herrscht ein enormer Wettbewerb. Daher ist es ein wichtiger Faktor für einen Fußballer, unbedingt gewinnen zu wollen – gleichgültig, ob im Training oder im Wettkampf.

PERSÖNLICHKEIT

Den Unterschied zwischen einem Spieler, der sehr gut Fußball spielt, und einem Spieler, der diese Begabung darüber hinaus dazu nutzt, Fußball zu seinem Beruf zu machen, liegt ganz klar in seiner Persönlichkeit. Niemand kann einem Menschen beibringen, immer mehr zu wollen und nach immer Höherem zu streben. Dieser Antrieb muss aus ihm selbst kommen. Auf den Fußball übertragen, bedeutet das, neben Wille, Fleiß und Ehrgeiz auf dem Platz auch:

- unbedingte Liebe zum Fußball,
- Lernfähigkeit,
- Kritikfähigkeit,
- Verträglichkeit,
- Gewissenhaftigkeit und
- Offenheit.

Es geht nicht nur darum, sich vom Trainer korrigieren zu lassen, es geht auch darum, die Korrekturen umzusetzen. Neue Impulse anzunehmen, um alte Muster zu verändern, bedeutet Weiterentwicklung und Optimierung. Ist jede Zelle des Körpers mit Fußballbegeisterung „infiziert", wird ein Spieler schnell merken, dass er die Verbesserungsvorschläge dazu nutzt, sich selbst weiterzuentwickeln, nicht etwa, um dem Trainer zu gefallen. „Wer seine Ängste kennt und Schwächen akzeptiert, wird merken, dass sie im Grunde nur Hinweisschilder auf dem Weg zum Ziel sind. Sie fordern uns heraus, damit wir uns selbst fördern", sagt Motivationsexperte Dirk Schmidt.[19]

Um gewissenhaft am persönlichen Vorankommen zu arbeiten, führen einige Spieler eine Art Tagebuch über Training und Spiel. Sie lassen am Abend die Ereignisse des Tages vor ihrem geistigen Auge noch einmal Revue passieren und sorgen durch ihre Auseinandersetzung mit dem auf dem Platz Erlebten, sowie durch ihre Aufzeichnungen darüber, für Nachhaltigkeit. Punkte, die man sich notiert, könnten sein:

- Was habe ich heute im Training gelernt?
- Was hat im Training gut bzw. nicht so gut funktioniert?
- Was war die taktische Aufgabe im Spiel?
- Wie habe ich sie/wie hat die Mannschaft sie umgesetzt?

Neben einer Verstärkung der positiven Aspekte erreicht man durch solche regelmäßigen Notizen eine sehr konkrete persönliche Zielsetzung, in welchen Bereichen man an sich selbst arbeiten möchte. Merkt man, dass einem im Spiel früh die Luft ausgegangen ist, kann man an seiner Kondition arbeiten. Auch technische Defizite lassen sich im Eigentraining verbessern. Möchte man robuster in Zweikämpfen sein, können Stabilisations- und Krafttraining helfen. Für mehr Beweglichkeit empfiehlt sich ein Dehnprogramm. All das kann in Eigenregie geschehen, wenn man herausgearbeitet hat, was es konkret zu tun gibt.

Auch in Hinblick auf Leistungsbereitschaft trennt sich sehr bald die Spreu vom Weizen. Wenn der Trainer seine Mannschaft auffordert, 15 Liegestütze zu machen, wird es immer Spieler geben, die dieses Soll erfüllen und 15 Liegestütze machen. Andere schummeln und begnügen sich mit 12 Wiederholungen. Wieder andere nehmen das als Motivation, in der Zeit, in der ihre Mannschaftskameraden 15 Liegestütze schaffen, 20 zu absolvieren.

EIGENMOTIVATION

„Zunächst einmal eine entscheidende, vielleicht ernüchternde Erkenntnis: Ich glaube, niemand kann von außen langfristig motiviert werden. Die Motivation muss aus jedem selbst heraus kommen, als Trainer oder Führungsfigur kann ich niemanden motivieren, ich kann ihm nur helfen, sich selbst zu motivieren. (...) Die Entscheidung, einen höheren Aufwand zu betreiben, muss jeder für sich treffen: Sich morgens bei Kälte und Dunkelheit die Sportschuhe anzuziehen und zu laufen – oder eben nicht – diese Entscheidung kann nur aus tiefster Überzeugung und nicht aus Zwang heraus gefällt werden. Das nenne ich Eigenmotivation.

Ein Spieler, der auf dem Weg nach oben ist, aber ständig einen Tritt in den Hintern braucht, um zu trainieren, wird den Sprung in die Spitze nicht schaffen. Der Wille, die eigenen, selbst gesteckten Ziele zu erreichen, peitscht Klassespieler von Trainingseinheit zu Trainingseinheit. Sie lieben das, was sie tun, sie lieben das Spiel an sich, sie wollen Wettkampf auf hohem Niveau. Solche Spieler brauchen keinen Aufpasser und schaffen sich für ihre Leistungsentwicklung den passenden Raum."

Aus *Führungsspiel* von Bernhard Peters, ehemaliger Hockeybundestrainer, aktuell Sportdirektor des Hamburger SV

INTERVIEW
NORBERT ELGERT: GENIE IST FLEISS

Seit 1996 ist Norbert Elgert U-19-Trainer bei Schalke 04. In dieser Zeit führte er die königsblauen A-Junioren dreimal zur deutschen Meisterschaft und zweimal zum Gewinn des DFB-Pokals. Doch auch die Anzahl der Spieler seiner Teams, die es in den Profifußball geschafft haben, ist beeindruckend. Die vier Weltmeister Manuel Neuer, Mesut Özil, Benedikt Höwedes und Julian Draxler sind nur einige wenige Beispiele. Im folgenden Interview verdeutlicht er anhand des Beispiels von Max Meyer, welche Rolle Trainern und Spielern bei der Entwicklung eines Talents zukommt.

Norbert Elgert, welche Rolle hat ein Trainer bei der Entwicklung eines Spielers?
Zunächst einmal sollten wir Trainer unseren Einfluss nicht über-, aber ganz bestimmt auch nicht unterschätzen. Ein Trainer muss auf jeden Fall mehr sein, als ausschließlich Vermittler von Technik, Taktik und Kondition. Wichtige Werte zu verstärken, wie z. B. Hilfsbereitschaft, Ehrlichkeit, Respekt, Demut, Teamfähigkeit, Toleranz und Fairness, gehört gerade in der heutigen, doch sehr schnelllebigen und oberflächlichen Gesellschaft mehr denn je zu den Aufgaben eines Trainers. Der Trainer von heute sollte vieles in sich vereinen. Er muss Pädagoge, Psychologe, Fußballtrainer, Coach und Teambuilder sein. Ganz wichtig ist natürlich nach wie vor, viel über Fußball zu wissen und dieses Wissen auch anwenden und vermitteln zu können.

Wie viel hat der Spieler selbst in der Hand?
Genie ist Fleiß. Somit entfaltet sich jedes Talent nur durch Betätigung. Selbst in der Hand hat der Spieler seine Einstellung und vor allen Dingen seine intrinsische Motivation.[20] Wobei wir Trainer auch hier natürlich unterstützen müssen.

Bezogen auf das Beispiel Max Meyer: Was war sein Hauptantrieb?
Max' Hauptantriebe waren und sind sein Spaß am Fußball und seine Spielfreude. Max ist positiv fußballverrückt und würde auch ohne Geld jeden Tag Fußball spielen. Selbstverständlich macht es Max wie jedem Spitzenfußballer Spaß, sein Können vor großem Publikum zu präsentieren. Er hat außerdem einen starken Antrieb, sich jeden Tag zu verbessern.

Woran merkte man das im Spiel und im Training?
Max war und ist im Spiel immer voll im Hier und Jetzt. Er versteckt sich nie und fordert immer den Ball. Wenn ihm sein Spielzeug mal genommen wurde, war er wie jeder Vollblutfußballer immer wieder ziemlich angefressen.

War es schwer, ihn an seine Leistungsgrenze zu bringen?
Max hat eine hohe Eigenmotivation. Wie bei vielen Hochbegabten brauchte aber auch er Unterstützung beim Willen, intensiv gegen den Ball zu arbeiten, z. B. bei der direkten Balleroberung oder beim Nachsetzen. Aber auch in diesen Bereichen hat er sich deutlich verbessert.

MICHAEL BALLACK: MANCHMAL MUSS MAN SICH EINFACH QUÄLEN

„Ich bewundere grundsätzlich Sportler, die vom Umfang her wahrscheinlich noch viel mehr trainieren als wir Fußballer und noch viel weniger Anerkennung bekommen. Die für ihren Sport alles geben, selbst wenn der vielleicht nicht so attraktiv ist und sie nicht einmal davon leben können. Was ist, wenn du Schwimmer bist und schwimmst jeden Tag Bahn für Bahn, aber du kommst vielleicht nie in die Weltspitze? Diese Konsequenz, diese Motivation! Das bewundere ich. Sport ist ja wahrlich nicht immer Spaß. Leistungssport ist oft auch Quälerei. Auch für uns gibt es Phasen in der Saison, da muss man sich einfach quälen. Das sehen viele Leute nicht."[21]

Michael Ballack, ehemaliger deutscher Nationalspieler

PERSÖNLICHKEIT ALS SCHLÜSSEL ZUM ERFOLG

Kognitive Fähigkeiten
- Lernfähigkeit
- Eigenüberprüfung
- Aufmerksamkeit
- Antizipation
- Spielintelligenz

Persönlichkeitseigenschaften
- Disziplin
- Verantwortung
- Engagement
- Hingabe
- Opferbereitschaft
- Liebe für das Spiel
- Stetige Motivation

- **Fußballerisches Können**
- Koordinative Fähigkeit
- Taktische Variabilität

FREUDE AN DER EIGENEN LEISTUNG

„Wenn ich unterwegs zum Südpol bin, muss ich wissen, warum ich das tue. Ich kann mich nicht am Tag 35 einer Expedition, die insgesamt 92 Tage dauern wird, fragen, was ich hier eigentlich tue. Ich muss mich trotz der 40 Grad Kälte aus meinem warmen Schlafsack schälen – jeden Tag bei Eiseskälte acht oder zehn Stunden lang einen 100 kg schweren Schlitten hinter mir herziehen.

Der Gedanke, dass man vielleicht keine Lust mehr zu der Plackerei hat, ist überflüssig – man kommt dort nämlich nicht weg. Aufgeben hieße untergehen. Ich muss ganz einfach durchhalten, wenn ich überleben will.

Die innere Auseinandersetzung mit der Aufgabe muss im Vorfeld stattfinden. Ich muss mir die Frage ehrlich beantworten, ob ich die mir selbst gestellte Aufgabe bewältigen kann und will. Wenn ich mir zu ehrgeizige Ziele setze, werde ich diese mental oder physisch nicht erreichen können. Es ist das Verwalten der eigenen Möglichkeiten. Wenn ich zu dem Schluss komme, dass ich einer Aufgabe gewachsen bin und mich auf sie einlasse, stehe ich das auch durch. Auch wenn es mir dabei zeitweilig schlecht geht und ich viel lieber im Schlafsack liegen bleiben oder zu Hause auf der Terrasse sitzen würde. Es lohnt sich, durchzuhalten. Nicht nur, weil ich mein ehrgeiziges Ziel erreicht habe, sondern weil mich diese Erfahrung persönlich weiterbringt. Es lohnt sich, Einsatz zu zeigen, Freude an der eigenen Leistung zu entwickeln. Daraus entwickelt sich die Motivation, sich auf neue Herausforderungen einzulassen – nicht nur am Südpol, sondern in allen Lebensbereichen. Das ist die Analogie, die mich meine Expedition gelehrt hat."

Zur Person:
Arved Fuchs, Jahrgang 1953, sorgt vor allem durch seine spektakulären Expeditionen für Schlagzeilen. Seit 1977 ist er auf Entdeckungsreisen und geht dabei an seine Grenzen. 1981 passierte er den Atlantik mit einem Segelboot. 1983 durchquerte er Grönland mit einem Hundeschlitten. 1984 umrundete er Kap Hoorn mit einem Faltboot.1989 erreichte er als erster Mensch zu Fuß beide Pole innerhalb nur eines Jahres.[22]

2.3 LEBENSLÄUFE: SO LIEF ES BEI MÜLLER UND CO.

Abgucken erlaubt! Wenn man die Karrieren berühmter und erfolgreicher Spieler betrachtet, kann man eine ganze Menge lernen. Dennoch muss jeder Fußballer seinen eigenen Weg gehen. Karrieren verlaufen individuell und lassen sich nicht eins zu eins kopieren.

Um die verschiedenen Wege verstehen zu können, veranschaulicht die folgende Grafik die Strukturen in der Talentförderung des Deutschen Fußball-Bundes:

Seit dem Jahr 2000 hat sich im deutschen Fußball Grundsätzliches geändert. Anlass für grundlegende Strukturreformen war das Vorrundenaus der deutschen Nationalmann-

AUSBILDUNGSSTRUKTUREN

7		A-Nationalmannschaft	
6		Internationale Vereinswettbewerbe Bundesliga, 2./3. Liga	
5	Lizenzvereine	Nationalmannschaften U 19 U 20 U 21	Höchster Amateurbereich
4	Leistungszentren/ Eliteschulen des Fußballs	Juniorennationalmannschaften U 15 U 16 U 17 U 18	Talentförderung der LV und Vereine
3	Leistungszentren	DFB-Talentförderprogramm	Vereins-Jugendfußball
2		Vielseitige Sportaktivitäten und Fußballspielen in Verein und Schule	
1		Bewegen und vielseitiges Spielen in Verein, Kindergarten und Schule	

Hinweis: Übersicht der zentralen Talentförderebenen auf der jeweiligen Stufe

MERKMALE UND ZIELE DER AUSBILDUNGSSTRUKTUREN

1	Jede Ausbildungsebene hat eine spezielle Funktion im Ausbildungsprozess!
2	Ausbildungsstufen und -strukturen müssen aufeinander abgestimmt werden!
3	Durchlässigkeit und Offenheit für individuelle Ausbildungswege sind zentrale Qualitätsmerkmale!
4	Die Optimierung der Ausbildungsstrukturen ist eine permanente Aufgabe!

schaft bei der EM in den Niederlanden und Belgien. Bereits ein Jahr später wurden DFB-Stützpunkte eingerichtet, die ein flächendeckendes Netz der Talentförderung darstellen. An inzwischen 366 Stützpunkten arbeiten bundesweit ca. 1.300 Trainer, die gewährleisten, dass talentierte Spieler möglichst früh entdeckt werden.

Das Stützpunkttraining findet für Spieler ab der U 11/U 12 in der Regel einmal pro Woche zusätzlich zum Vereinstraining statt. Zudem wurden in den Jahren 2001 und 2002 Nachwuchsleistungszentren obligatorisch für Erst- und Zweitligisten, für die es klar definierte Standards gibt. Dazu zählen mindestens drei Rasenplätze, davon zwei mit Flutlicht, die Beschäftigung hauptamtlicher und lizenzierter Jugendtrainer sowie medizinische und schulische Betreuung der Spieler. In der Saison 2003/2004 wurden vom DFB als höchstmögliche Meisterschaftswettbewerbe in der U 19 und U 17 die Juniorenbundesligen eingeführt. Außerdem wurden Inhalte und Strukturen innerhalb der Auswahlmannschaften verändert.

Seit 2007 gibt es DFB-Eliteschulen des Fußballs und seit 2008 werden Nachwuchsleistungszentren zertifiziert. Insgesamt gelang es durch all diese Maßnahmen, ein Bewusstsein für Talentförderung zu schaffen und den Einbau von deutschen Spielern in Profiteams zu begünstigen, auch durch Quotenregelungen.

NICHTS IST UNMÖGLICH!

Beim Blick in eine Bundesligamannschaft fällt eins sofort auf: Viele Wege führen zum Ziel. Was banal klingt, birgt unglaublich viele Chancen für jeden jungen Sportler. Wichtig ist es, die Dinge realistisch zu betrachten und sich seiner Möglichkeiten und Fähigkeiten bewusst zu sein. Denn dann kann man den für sich besten Weg wählen und im Training zielgerichtet arbeiten.

- **Der Weg über den Heimatverein**
  Es gibt durchaus Argumente, die dafür sprechen, möglichst lange bei seinem Heimatverein zu spielen (siehe Kap. 4.8 „Gehen oder bleiben? Faktoren bei der Vereinswahl").

- **Der Weg über den Stützpunkt**
  Um zusätzlich zum Vereinstraining einmal wöchentlich in einem Stützpunkt gefördert zu werden, gibt es drei Wege:
  1. Ein Spieler wird gesichtet und eingeladen.
  2. Der Spieler schaltet den Vereinstrainer ein und dieser vermittelt ihn an den Stützpunkt.

3. Der Spieler kann sich selbst zum Stützpunkttraining anmelden und sein Können unter Beweis stellen.

- **Der Weg über ein Nachwuchsleistungszentrum**
  In einem NLZ kann man in der Regel ab der U 8 oder U 9 trainieren. Spieler, die in der näheren Umgebung des Nachwuchsleistungszentrums wohnen, haben in der jüngsten Mannschaft oftmals die Chance, sich zu einem Probetraining selbst anzumelden. Darüber hinaus wird allerdings fast ausschließlich gescoutet.

Im Folgenden sind einige Spieler aufgeführt, die den Sprung in die Erste Bundesliga geschafft haben und dort regelmäßig zum Einsatz kommen. Auf den ersten Blick haben die Profis also eine Menge gemeinsam. Schaut man jedoch etwas genauer hin und betrachtet ihre sportlichen Werdegänge, stellt man zahlreiche Unterschiede fest.

VIELE WEGE FÜHREN ZUM ZIEL

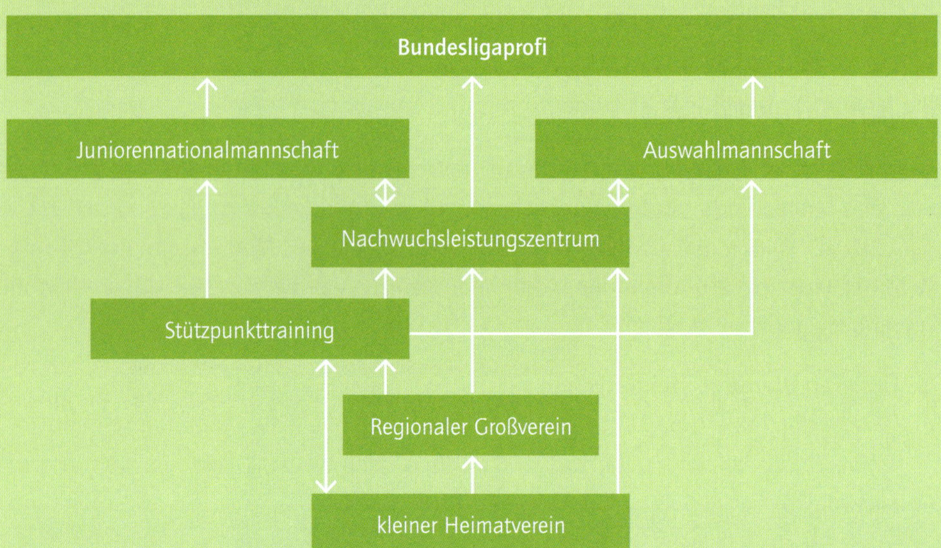

INTERVIEW
SARA DÄBRITZ: DER FRAUENFUSSBALL IST VIEL PROFESSIONELLER GEWORDEN

Für Sara Däbritz (*15. Februar 1995) lief in ihrer noch jungen Karriere vieles überdurchschnittlich gut. Bereits im B-Jugend-Alter debütierte sie im Februar 2012 in der Bundesliga für den SC Freiburg. Nur drei Spieltage später erzielte sie ihren ersten Treffer für die Breisgauer. Zur Saison 2015/2016 wechselte die Stürmerin zum FC Bayern München und krönte ihren ersten Einsatz mit zwei Toren. Däbritz wurde mit der Fritz-Walter-Medaille in Bronze (2012), Silber (2013) und Gold (2014) ausgezeichnet, durchlief alle Juniorennationalmannschaften des DFB, wurde U-17-Europameisterin 2012, Europameisterin mit den Frauen 2013 und U-20-Weltmeisterin 2014. Was bei ihrer Laufbahn auffällt, ist, dass sie im Verein sehr lange mit Jungen in Mannschaften zusammengespielt hat.

Frau Däbritz, als Sie mit dem Vereinsfußball begonnen haben, haben Sie in Mannschaften gespielt, in denen fast nur Jungen waren. Wie lange waren Sie in den Teams und welche Erfahrungen haben Sie dabei gemacht?
Ich habe bis kurz vor meinem 17. Geburtstag drei verschiedene Jungsmannschaften durchlaufen. Dann bin ich zum SC Freiburg gewechselt. Neben dem Vereinstraining habe ich übrigens auch im Stützpunkt und in der Regionalauswahl mit Jungs trainiert. Das war für mich eine sehr wichtige Erfahrung, da es viel körperlicher, viel robuster zur Sache ging. Um sich gegen die sehr athletischen Spieler behaupten zu können, musste ich viel schneller denken als die anderen. Und nach meinem Wechsel in eine reine Frauenmannschaft habe ich feststellen können, dass ich im athletischen Bereich wirklich top ausgebildet war, was sich unter anderem in der Schnelligkeit gezeigt hat.

Wie war die Akzeptanz vor dem Wechsel bei Mitspielern und Gegnern?
Manche der gegnerischen Jungs hatten ein paar Vorurteile. Sie haben komisch geschaut, wenn sie gesehen haben, dass auch ein Mädchen mitspielt. Aber oft waren gerade die dann besonders überrascht, als sie gemerkt haben, dass ich kicken konnte (lacht). Andere hingegen kannten mich bereits und wussten das schon. In meinen Mannschaften wurde ich immer akzeptiert und mitunter auch verteidigt, wenn mal ein blöder Spruch kam.

Seit 2012 sind Sie in reinen Frauenmannschaften aktiv. Wie hat sich der Frauenfußball in den vergangenen Jahren verändert?
Generell ist alles viel professioneller geworden. Allein das Medieninteresse hat sich stark gewandelt. Früher war Frauenfußball im Fernsehen gar nicht vertreten. Inzwischen wird jede Woche das Topspiel der Bundesliga live übertragen und DFB-TV ist auch vor Ort. Darüber hinaus sind die Zuschauerzahlen in den Stadien gestiegen, da die Menschen durch die mediale Präsenz mehr von unserem Sport mitbekommen. Auch die Vereine arbeiten inzwischen viel professioneller.

Das fängt schon mit der Gestaltung der Trainingseinheiten an. Beim FC Bayern trainieren wir übrigens siebenmal pro Woche, was bis vor ein paar Jahren auch nicht selbstverständlich war. Natürlich gibt es wie bei allen Dingen im Leben immer noch Luft nach oben, aber wir haben schon ein sehr gutes Niveau erreicht. Übrigens hat sich auch die Ausrüstung verändert. Es gibt bereits seit einigen Jahren besondere Frauentrikots, die etwas anders geschnitten sind. Bei der Nationalmannschaft wurde für die großen Turniere sogar extra eine Kollektion für uns angefertigt, die sich auch optisch etwas von der der Männer unterschied. Und von meinem Schuhausrüster Nike habe ich für die Weltmeisterschaft ein eigens angefertigtes WM-Modell für Frauen erhalten. Das war ebenfalls etwas Besonderes und ein Zeichen der Wertschätzung für den Frauenfußball.

Bei allen Gemeinsamkeiten, wie unterscheidet sich Ihre Karriereplanung von der Ihrer männlichen Kollegen?
Die Karriereplanung ist bei den Frauen ein ganz bedeutender Punkt. Wir wissen von vornherein, dass wir von dem Geld, das wir durch den Fußball verdienen, nach Beendigung der aktiven Karriere nicht leben können. Daher steht es für uns schon sehr im Vordergrund, die Schule mit einem guten Abschluss zu beenden und eine Ausbildung oder ein Studium anzuschließen, um uns ein zweites Standbein zu schaffen. Auch für die Männer kann das ganz unverhofft ein Thema werden, wenn sie aufgrund einer

Verletzung nicht mehr spielen können. Es ist daher immer gut, zweigleisig zu fahren. Bei den Frauen kümmert sich jede ganz automatisch parallel um Fußball und eine Berufsausbildung. Beim FC Bayern sind viele dabei, die studieren, aber auch einige, die eine Ausbildung machen oder noch zur Schule gehen. Ich selbst habe im Frühjahr 2016 mit einem Fernstudium begonnen.

Gibt es denn auch Dinge, die sich bei Mädchen und Jungen bzw. Frauen und Männern nicht unterscheiden?

Natürlich: Als ich klein war, war ich jeden Tag mit meinen Freunden auf dem Fußballplatz. Nach den Hausaufgaben sind wir oft stundenlang draußen gewesen und haben Fußball gespielt – einfach, weil es so großen Spaß gemacht hat. Das ist das Wichtigste dabei. Denn wenn man etwas erreichen möchte, muss man viel dafür tun und in einigen Belangen sicherlich auch mal zurückstecken. Ich denke zum Beispiel daran, dass man in der Jugend am Samstagabend nicht lange rausgehen kann, wenn man Sonntagmorgen ein Spiel hat. Allerdings hatte ich das Glück, dass meine Freunde das akzeptiert haben. Und da mir der Fußball so viel Freude bereitet hat, bin ich auch nie traurig deswegen gewesen. Ich hatte nie das Gefühl, etwas zu verpassen. Man muss einfach viel an sich arbeiten, wenn man weiterkommen möchte. Das ist bei Jungs und Mädels gleich.

THOMAS MÜLLER – DER SENKRECHTSTARTER

Geburtsdatum: 13.09.1989
Geburtsort: Weilheim in Oberbayern
Schulabschluss: Allgemeine Hochschulreife

Vereine
1993-2000 TSV Pähl
seit 2000 FC Bayern München

Juniorennationalspieler: DFB U 16, U 19, U 20, U 21
A-Nationalspieler: DFB seit 2010

Thomas Müller ist das Paradebeispiel für einen absolut geradlinigen Karriereweg. Bereits als Zehnjähriger heuerte der gebürtige Oberbayer beim FC Bayern an, bei dem er alle Nachwuchsmannschaften durchlief. In München gelang ihm nicht nur der Sprung zu den Profis, er reifte auch zum Leistungsträger der deutschen Nationalmannschaft heran, mit der er 2014 die Weltmeisterschaft in Brasilien gewann.

JONAS HECTOR – DER SPÄTSTARTER

Geburtsdatum: 27.05.1990
Geburtsort: Saarbrücken
Schulabschluss: Allgemeine Hochschulreife

Vereine
1998-2010 SV Auersmacher
seit 2010 1. FC Köln

Juniorennationalspieler: nein
A-Nationalspieler: DFB seit 2014

Jonas Hectors Weg in den Spitzensport darf man durchaus als unorthodox bezeichnen. Noch mit 18 Jahren feierte er den Oberligaaufstieg mit der ersten Mannschaft seines Heimatvereins SV Auersmacher. Er plante ein Studium nach dem Abitur, an Profifußball war nicht zu denken. Bis er sich 2010 für einen Wechsel in die U 23 des 1. FC Köln entschied, wo er sich hocharbeitete und im August 2012 sein Profidebüt feierte. Weitere zwei Jahre später berief ihn Bundestrainer Joachim Löw in die Nationalmannschaft.

JOEL MATIP – SPÄT BERUFEN

Geburtsdatum: 08.08.1991
Geburtsort: Bochum
Schulabschluss: Allgemeine Hochschulreife

Vereine
1994-1997 SC Weitmar 45
1997-2000 VfL Bochum
2000-2016 FC Schalke 04
Seit 2016 FC Liverpool

Juniorennationalspieler: nein
A-Nationalspieler: Kamerun seit 2010

Bereits als Sechsjähriger wechselte Joel Matip von seinem Heimatverein in das NLZ des VfL Bochum. Drei Jahre später ging es zum FC Schalke 04, wo er sehr erfolgreich alle Jugendmannschaften durchlief, jedoch nie in den Fokus einer Juniorennationalmannschaft geriet. Dennoch ist er beim S04 Lizenzspieler und Leistungsträger geworden, 2010 wurde er zudem in die Nationalmannschaft Kameruns berufen.

DENNIS AOGO – ZWEITER BILDUNGSWEG

Geburtsdatum: 14.01.1987
Geburtsort: Karlsruhe

Vereine
1994-2000 Karlsruher SC
2000-2002 SV Waldhof Mannheim
2002-2008 SC Freiburg
Seit 2008 Hamburger SV

Juniorennationalspieler: DFB U 16, U 21
A-Nationalspieler: DFB seit 2010

Dennis Aogo startete seine fußballerische Laufbahn im Leistungszentrum des Karlsruher SC, wurde dort jedoch aussortiert. Aber er gab nicht auf, sondern behielt sein großes Ziel, Bundesligaprofi zu werden, im Auge. Also empfahl er sich über das DFB-Stützpunkttraining und schaffte schließlich beim SC Freiburg den Sprung in die Profielf. Auch er erhielt 2010 die Einladung zur deutschen Nationalmannschaft.

SEBASTIAN BACKER – VERLETZUNGSPECH

Geburtsdatum: 05.09.1980
Geburtsort: München

Vereine
bis 1988 TSV Zorneding
1988-2001 FC Bayern München
2001-2003 MSV Duisburg
2003-2005 Eintracht Braunschweig
2005-2007 SC Fürstenfeldbruck
2007 SV Heimstetten
2008-2012 ASV Dachau

Juniorennationalspieler: DFB U 16, U 18
A-Nationalspieler: nein

Es gibt allerdings auch Beispiele, in denen hoffnungsvolle Karrieren in eine andere Richtung laufen. So galt Sebastian Backer in seiner Jugend als absoluter Senkrechtstarter. Er spielte im NLZ des FC Bayern und war Kapitän der Juniorennationalelf des DFB, bis eine Verletzung seine Karriere beendete. Für ihn hat es sich ausgezahlt, einen „Plan B" in der Tasche zu haben.

WAS BEDEUTET DAS FÜR MICH?

Es gibt keinen klassischen Weg und kein Patentrezept, um später im Fußball erfolgreich zu sein. Ein Spieler beginnt im Alter von acht Jahren in einem Dorfverein Fußball zu spielen und ein anderer startet seine Karriere sofort beim FC Bayern München, weil er zufällig in der unmittelbaren Nachbarschaft wohnt. Wieder ein anderer bleibt ganz lange bei einem regionalen Großverein und schafft den Sprung erst, wenn er 20 Jahre alt ist. Aber letztlich können alle drei in der Bundesliga Fuß fassen und bis zum Nationalspieler reifen.

Deswegen sollte man sich selbst nicht zu sehr unter Druck setzen, was äußere Merkmale, wie zum Beispiel den Namen des Vereins, betrifft. Eine Entwicklung erfolgt Schritt für Schritt und bei jedem Spieler sind diese Schritte unterschiedlich und dauern unterschiedlich lange. Immerhin ist es erwiesen, dass es für die Entwicklung förderlich ist, so lange wie möglich in seinem heimischen Umfeld aufzuwachsen, wenn dieses intakt ist. In diesem Fall macht es keinen Sinn, im Alter von zwölf Jahren zu einem Bundesligisten zu wechseln, wenn dieser 250 km von zu Hause entfernt ist. Ist allerdings in Ausnahmefällen das familiäre Umfeld nicht intakt, sodass Persönlichkeitsentwicklung, schulische Entwicklung, Ernährung usw. gefährdet sind, ist ein Wechsel in eine Gastfamilie oder in ein Internat durchaus sinnvoll und kann dem Kind eine neue Chance bieten.

Außerdem gibt es Faktoren, die bei der fußballerischen Entwicklung eine Rolle spielen, die man aber gar nicht beeinflussen kann. Zum Beispiel, wie schnell man wächst.

WACHSTUM

Wachstum ist ein riesengroßes Thema für alle Spieler im Juniorenbereich, vor allem im Alter von zwölf bis 15 Jahren. Oft gibt es regelrechte Wachstumsschübe zu ganz unterschiedlichen Zeitpunkten.

Zu langsam: Manchmal lässt ein solcher Schub lange auf sich warten, sodass man den Altersgenossen eine ganze Zeit lang körperlich unterlegen ist. Das kann frustrierend sein, reguliert sich mit der Zeit aber von selbst. Geduld ist gefragt!

Zu schnell: Setzt ein starker Wachstumsschub ein, kommt es manchmal zu Problemen, die man gar nicht erwartet hatte. Viele Spieler verspüren Schmerzen in ihren Gelenken und gehen damit zum Arzt. Dieser verordnet oft eine deutlich zu lange Sportpause. Dabei kann man mit gezieltem Muskelaufbau- und Koordinationstraining sowie einem Mittel gegen Entzündungen unter Umständen nach nur einer Woche Pause wieder schmerzfrei ins Training einsteigen.

Hinweis: Große Spieler sind kleineren Altersgenossen häufig überlegen und neigen oftmals dazu, z. B. im Bereich Technik, nachlässig zu werden. Doch die körperliche Überlegenheit kaschiert Nachlässigkeit nur so lange, bis Mit- und Gegenspieler ebenfalls an Größe und Robustheit zugelegt haben. Daher ist es umso wichtiger, auch weiterhin extrem gut zu trainieren, sich neue Techniken anzueignen und um ein exaktes taktisches Verhalten bemüht zu sein.

TRAINER UND TRAINING

Einfluss hat man, im Gegensatz zum Wachstum, jedoch auf die Qualität seiner Ausbildung. Deswegen ist es bei der Auswahl des Vereins wichtig, darauf zu achten, idealerweise einen guten, möglichst lizenzierten Trainer zu haben. Noch besser ist es, wenn dieser mit möglichst hohen Trainingsumfängen arbeitet. Häufiges Trainieren kann für die Entwicklung eines Spielers nur förderlich sein (siehe Kap. 4.7.3 „Trainer"). Je älter man ist, desto höher sollte das Spielniveau sein. Denn auch durch den Wettkampf und die Steigerung des Tempos auf dem Platz entwickelt man sich weiter. Durch höhere Ligen und die Teilnahme an Auswahlmaßnahmen kann man sich darüber hinaus empfehlen, da in diesen Bereichen intensiv gescoutet wird. Außerdem ist auch das Trainingsniveau entscheidend. Denn auch sehr gute Mitspieler machen einen Fußballer besser.

SPIELERTYPEN

Nicht nur die körperlichen Voraussetzungen haben Einfluss auf die sportliche Entwicklung eines Spielers, sondern auch dessen Persönlichkeit. In jeder Mannschaft gibt es drei verschiedene Arten von Fußballern: **Teamspieler, Individualisten** und **Führungsspieler**. Zwar kann man an gewissen Persönlichkeitseigenschaften im Laufe der Entwicklung noch feilen. Auf diese Weise ist zum Beispiel Bastian Schweinsteiger vom Teamspieler zu einer Führungspersönlichkeit gereift. Aber grundsätzlich muss man seine eigene Art und seine Anlagen annehmen.

DREI TYPEN – EIN TEAM

Das Gesicht einer Mannschaft wird von drei verschiedenen Spielertypen bestimmt. Hauptsächlich sind **Teamspieler** vertreten. Sie sind das Grundgerüst der Mannschaft, reihen sich ein und bestechen durch ihren Einsatz: kämpferisch, läuferisch und beim Führen von Zweikämpfen.

Seltener vertreten sind die **Individualisten**, Spieler mit ganz besonderen Fähigkeiten. Sie können, wie zum Beispiel Ribéry, Robben oder Cristiano Ronaldo, eine Partie mit einer Einzelaktion ganz alleine entscheiden.

Hinzu kommen die **Führungsspieler**. Sie können hervorragende Fußballer sein, dieses Kriterium ist allerdings kein Muss. Aber sie sind in der Lage, ein Spiel zu lesen, aufgrund

SPIELERTYPEN

Mannschaft

Führungsspieler
- Leitfigur der Mannschaft auf dem Platz.
- Muss kein begnadeter Fußballer sein, sollte aber ein bestimmtes Auftreten haben und das Team mitreißen können.

Teamspieler
- Reiht sich bedingungslos in das Mannschaftsgefüge ein.
- Glänzt durch Kampfgeist, Laufbereitschaft und bedingungslose Zweikampfführung.

Individualist
- Macht auf dem Platz den Unterschied aus.
- Kreativer Freigeist.
- Bringt Dinge ein, die nicht im Lehrbuch stehen und die keiner erwartet.

ihrer Ausstrahlung das Team zu lenken und eine Leitwolffunktion einzunehmen.

Jeder dieser drei Spielertypen ist wichtig und trägt zum Erfolg der Gruppe bei. Daher hat ein Führungsspieler keinen höheren Stellenwert als ein Teamspieler! Das Ideal ist sicherlich, alle drei Typen in sich zu vereinen. Auch hierfür ist Andrés Iniesta ein herausragendes Beispiel. Thomas Müller entwickelt sich immer mehr zu einem solchen Spielertyp.

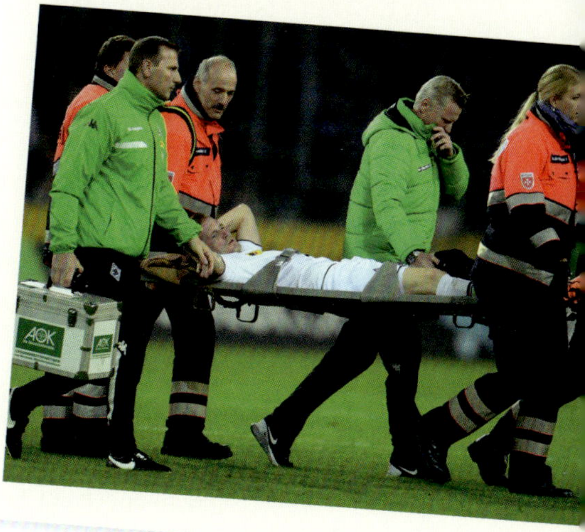

Tipp: Bleibe immer du selbst und feile an deinen Eigenschaften. Aber versuche niemals, jemand anderen zu imitieren. Man kann als Kopie eines anderen nicht dauerhaft erfolgreich sein.

RISIKOFAKTOREN IM FUSSBALL

Risikofaktoren im Fußball bezeichnen die Parameter, die dafür sorgen können, dass eine hoffnungsvolle Laufbahn beeinträchtigt wird oder gar ein jähes Ende nimmt. Betrachtet man allein die gesundheitlichen Voraussetzungen, sei an dieser Stelle darauf hingewiesen, dass es ratsam ist, eine Unfallversicherung abzuschließen, bevor man im Fußball einen Vertrag unterschreibt. Oftmals ist ein solcher Vertrag Ausschlusskriterium bei einer Versicherung. Ein Spieler kann somit nicht mehr versichert werden. Aber es gibt neben den Unfällen auch andere Einflüsse, die sich negativ auf eine Karriere im Fußball auswirken können.

Solche Faktoren sind:

- Verletzungen;
- Erkrankungen (u. a. auch Folgen eines Zeckenbisses und degenerative Veränderungen);
- bei Frauen: Schwangerschaft, Lebensplanung;
- Komplikationen nach einem harmlosen operativen Eingriff;
- mangelnde Sporttauglichkeit;
- keinen Verein zu finden, wenn man dem U-23-Alter entwachsen ist;
- Quoten, aufgrund derer man keinen neuen Verein findet, da die fraglichen Plätze nach folgenden Kriterien bereits vergeben sind: Nationalität, Local Player, Vertragsspieler ...

BEISPIEL: SO KOMPLEX IST DIE LOCAL-PLAYER-REGELUNG

Lizenzordnung Spieler (LOS)
§ 5b Lokal ausgebildete Spieler

1. Clubs müssen im Rahmen der Förderung der Nachwuchsarbeit im deutschen Fußball eine Mindestanzahl lokal ausgebildeter Spieler als Lizenzspieler unter Vertrag haben. Lokal ausgebildete Spieler können „vom Club ausgebildet" oder „vom Verband ausgebildet" sein. Voraussetzung ist, dass nicht mehr als die Hälfte der Spieler vom Verband ausgebildet ist.

   Es müssen mindestens acht lokal ausgebildete Spieler bei dem Club als Lizenzspieler unter Vertrag stehen, wovon mindestens vier vom Club ausgebildet sein müssen. Als Lizenzspieler ausschließlich im Sinne dieser Bestimmung gilt auch ein Spieler, der bereits mit dem Club einen der DFL vorliegenden Lizenzspielervertrag geschlossen hat, der mit Vollendung seines 18. Lebensjahrs spätestens zum 31.12. der laufenden Spielzeit wirksam wird.

   Ein vom Club ausgebildeter Spieler ist ein Spieler, der in drei Spielzeiten/Jahren im Alter zwischen 15 und 21 Jahren für den Club spielberechtigt war. Ein vom Verband ausgebildeter Spieler ist ein Spieler, der in drei Spielzeiten/Jahren im Alter zwischen 15 und 21 Jahren für einen Club im Bereich des DFB spielberechtigt war. (...)

2. Die lokal ausgebildeten Spieler müssen zu jedem Pflicht-Bundesspiel auf der aktuellen Spielberechtigungsliste eingetragen sein. Zusätzlich zu den auf der aktuellen Spielberechtigungsliste aufgeführten Spielern werden bis zu zwei vom Club ausgebildete Spieler angerechnet, die gem. § 5 Nr. 2 LOS in der Wechselperiode II der jeweiligen Spielzeit an einen anderen Club ausgeliehen werden, sofern der ausleihende Club in einer höheren Spielklasse als die zweite Mannschaft des verleihenden Clubs und maximal zwei Spielklassen unter der Spielklasse des verleihenden Clubs der Lizenzligen spielt.

   Sind weniger lokal ausgebildete Spieler, als nach Nr. 1 verlangt, auf der aktuellen Spielberechtigungsliste eingetragen oder nach Abs. 1 zum jeweiligen Zeitpunkt an einen anderen Club ausgeliehen, wird eine Vertragsstrafe gemäß des Lizenzvertrages ausgesprochen.[23]

2.4 POTENZIALE ENTFALTEN

KÖRPERSPRACHE

> „TALENT ist das, was du tun kannst.
> MOTIVATION bestimmt, was du tust
> EINSTELLUNG entscheidet, wie gut du es tust."[24]
>
> Lou Holtz

Möchte man seine Potenziale voll entfalten und sich weiterentwickeln, geschieht das nicht nur mit der richtigen Einstellung und dem entsprechenden Fleiß. Auch das persönliche Auftreten spielt eine entscheidende Rolle. Denn beim Aufeinandertreffen von Menschen zählen ganz besonders der erste und zweite Eindruck. Hierzu gehört ein fester Händedruck ebenso wie ein sicherer Blick.

Es lohnt sich also, sich selbst zu überprüfen. Hierfür kann man sich zum Beispiel mit dem Smartphone selbst filmen. Wenige Minuten reichen aus, um zu erkennen, wie man wirkt. Außerdem kann man Verwandte oder Freunde bitten, einige Sequenzen rund um das Spiel zu filmen, um vor Augen geführt zu bekommen, wie man auf und neben dem Platz auftritt.

Ein besonderer Fokus liegt hierbei auf:

- dem Blick: freundlich oder nicht;
- Signalen von Anspannung: z. B. verkrampften Händen/Fingern;
- Körperspannung: voller Energie oder eher eingeknickt;
- der Wirkung der Kleidung auf dem Platz: Trikot über oder in der Hose, Torwart mit „Schlabberlook" oder in enger anliegendem Outfit;
- der Wirkung der Kleidung neben dem Platz: Kappe und Badelatschen wirken unseriös.

Vermieden werden sollten:

- breitbeinige Machoposen ebenso wie eine zusammengesunkene Körperhaltung;
- vor der Brust verschränkte Arme;
- schiefe Kopfhaltung;
- hochgezogene Schultern;
- fehlender Blickkontakt mit Gesprächspartner;
- sich mit den Händen ins Gesicht zu fassen.

Gerade im sportlichen Umfeld ist es wichtig, Fitness und Tatendrang auszustrahlen. Das geschieht durch die Körperhaltung, mittels derer man groß wirken sollte. Eine durchgedrückte Hüfte und straffe Schultern lassen einen Menschen wie einen Sieger aussehen. Um austrainiert zu erscheinen, ist ebenfalls die Körperhaltung der entscheidende Faktor. Man sollte z. B. nicht die Hände in die Hüften stemmen.

CHARAKTERLICHE AUSBILDUNG

Im Fußball kann die charakterliche Ausbildung der Spieler von Trainer zu Trainer sehr variieren. Daher sollten Spieler frühzeitig damit beginnen, sich selbst zu reflektieren und sich von anderen spiegeln zu lassen. Je älter ein Fußballer wird, desto stärker wird er ein Idealbild entwickeln, dem er entsprechen möchte. Um dieses zu kreieren, muss man sich selbst die folgenden beiden Fragen beantworten: „Wer möchte ich sein?" und: „Wo fühle ich mich am wohlsten?". Außerdem gilt die Prämisse, dass der Charakter eines Menschen vor allem durch Anstands- und Höflichkeitsformen nach außen transportiert wird. Beides wird, vor allem in jungen Jahren, extrem durch das direkte Umfeld beeinflusst.

Bezogen auf den Fußball, ist es immer wichtig, dass sich die Kultur des Vereins und die Art des Spiels im Charakter des Spielers wiederfinden. Unabhängig davon, ob es sich um einen Arbeiterverein oder einen besonders elitären Klub handelt: Der Spieler sollte diesem Profil entsprechen, beziehungsweise sich dessen bewusst sein.

MENTALE AUSBILDUNG

Erfolg beginnt im Kopf. Zur Umsetzung des Potenzials eines Sportlers in die Praxis ist die mentale Ausbildung ein wichtiger Grundpfeiler. Daher lassen sich Athleten aus den unterschiedlichsten Sportarten von Mentaltrainern begleiten, um in die absolute Spitze vorzudringen. Einige Beispiele sind NBA-Spieler Dirk Nowitzki, Skirennläufer Felix Neureuther oder Formel-1-Pilot Sebastian Vettel. In der Arbeit mit ihrem Trainer zeichnen sie sozusagen innere Landkarten, um auch bei schwierigen äußeren Bedingungen das Ziel nicht aus den Augen zu verlieren. Denn die innere Einstellung ist ein wesentlicher Schlüssel zum Erfolg. Dabei geht es in erster Linie um positive Selbsteinschätzung, Vertrauen in Fähigkeiten, konstruktive Selbstkritik und zielgerichtete Aufmerksamkeit.

Denn gerade in einer Wettkampfsituation ist es von höchster Bedeutung, sich mental im Hier und Jetzt zu befinden. Alle Gedanken sollen der zu bewältigenden Herausforderung gelten und nicht etwa Störfaktoren, wie den möglichen Konsequenzen im Falle eines Scheiterns. Nur durch absolute Fokussierung auf die Aufgabe, gepaart mit der

Zuversicht, diese bewältigen zu können, ist höchste Effizienz ohne Leistungseinbußen möglich.

Wissenschaftler sprechen von einer Art „Flow-Zustand", in dem sich der Sportler befindet, einem regelrechten Rausch, in dem der Sportler eins wird mit dem, was er tut. „Der konzentrierte Verstand hat keinen Platz für das Nachdenken darüber, wie gut der Körper funktioniert und noch viel weniger Raum dafür, wie eine bestimmte Aktion auszuführen sei. Wenn ein Spieler in der Verfassung ist, gibt es nur wenig, was ihn darin hindern könnte, sein ganzes Potenzial an Spielkunst, Lernfähigkeit und Freude am Spiel auszuschöpfen."[25]

Die größten Konzentrationslücken entstehen nämlich in den Momenten, in denen man Gedanken an die Zukunft oder Vergangenheit zulässt. Angenommen, es steht in einem Fußballspiel fünf Minuten vor Schluss 1:0 für den Gegner, beginnen viele Spieler, sich bereits mit der imaginären Zukunft auseinanderzusetzen. Sie überlegen, was passieren könnte, wenn sie die Partie tatsächlich verlieren. Damit berauben sie sich selbst der wichtigen Energie, die sie benötigen, um den Rückstand noch auszugleichen, was ja durchaus möglich wäre.

„Basketball ist ein komplexer Tanz, bei dem sich das Geschehen blitzartig von einem Spielziel zum anderen verschiebt. Wer dabei herausragende Leistungen zeigen will, muss mit klarem Verstand agieren und sich ganz und gar auf das konzentrieren, was alle auf dem Court anwesenden Personen tun. Das Geheimnis besteht darin, nicht zu denken. Das bedeutet nicht, dumm zu sein; es bedeutet, das unaufhörliche Geplapper der Gedanken zu beenden, sodass der eigene Körper instinktiv das tun kann, wofür er trainiert wurde, ohne dass ihm der Verstand in die Quere kommt. Wir alle haben blitzartige Momente des Einklangs mit uns selbst ... wenn wir vollständig im Augenblick leben, nicht zu trennen sind von dem, was wir gerade tun."[26]

Phil Jackson, Trainer der Chicago Bulls und LA Lakers

Eine Hilfestellung, um sich auf dem Platz voll und ganz in der Gegenwart zu bewegen, kann es sein, möglichst nonstop den Ball zu beobachten. So gelangt man in eine Art Tunnel und kann äußere Einflüsse sowie störende Gedanken ausblenden. Ein weiteres probates Mittel ist es, sich auf die eigene Atmung zu konzentrieren. Dadurch bewegt man sich automatisch im Hier und Jetzt und kommt innerlich zur Ruhe. Bei Standardsituationen ist das ratsam, denn dadurch kann man sich noch stärker fokussieren, als es zuvor im Spiel möglich war.

POSITIVE ENERGIE

Die Gedanken lassen sich durchaus steuern. Daher ist ein weiterer Aspekt der mentalen Ausbildung, neben Konzentrationsfähigkeit und der Verarbeitung von Stress, auch die Fähigkeit, vermeintlich Negatives in positive Energie umzuwandeln. Fehler können passieren, denn sie sind ein natürlicher Teil des menschlichen Entwicklungsprozesses. Sie sollten daher nach einiger Zeit abgehakt werden. Um Rückschläge besser wegzustecken, kann man lernen, eine Situation neutral zu analysieren. Das bedeutet, dass man auf die Unterteilung in positiv oder negativ ganz verzichtet, denn dadurch gerät man zu sehr ins Nachdenken, ist verspannt und im Geiste nicht mehr im Hier und Jetzt.

Beispielsweise kann es sein, dass der eigene Fitnesszustand nicht der beste ist, oder dass man Probleme mit dem neuen Spielsystem hat. Ist man sich dessen bewusst, kann man positiv reagieren und gezielt an sich arbeiten. Wichtig ist es, die Zustände und Abläufe so zu akzeptieren, wie sie gegenwärtig sind, um konstruktiv und ohne inneren Druck daran arbeiten zu können. Keinesfalls darf man sich einreden, eine bestimmte Aufgabe nicht bewältigen zu können. Denn Selbsteinschätzungen werden zu selbsterfüllenden Vorhersagen. Das bedeutet, dass derlei Gedanken zu einer inneren Erwartungshaltung oder gar zu einer Überzeugung werden. Daher entspricht man nach und nach immer mehr dem, was man selbst über sich denkt.[27]

Positiv sollte daher nicht nur die Einstellung zu sich selbst, sondern auch zu den Teamkameraden sein. Ein Mitspieler, dem ein Fehler unterlaufen ist, freut sich über positives Coaching und aufmunternde Sätze. Für einen Sportler, der nachhaltig erfolgreich sein möchte, lohnt es sich, nicht nur physische Fertigkeiten, sondern gleichermaßen mentale und emotionale Fähigkeiten zu entwickeln. Damit fällt es beispielsweise einem Fußballer wesentlich leichter, einen Trainer so anzunehmen, wie er ist. Er kann mit einer Rückstufung in eine andere Mannschaft deutlich souveräner umgehen und es als Herausforderung ansehen, wenn er eine ungewohnte Position spielen muss. Höchste

Leistungsfähigkeit erreicht man dann, wenn man diese Situationen als Chancen begreift und sich ihnen stellt.

VORSTELLUNGSKRAFT UND SELBSTGESPRÄCHE

Ebenfalls zur mentalen Ausbildung zählt die **Vorstellungskraft**. Von Ski-, Bob- oder Formel-1-Fahrern hört man häufig, dass sie die Strecke noch einmal vor ihrem inneren Auge durchgegangen sind. Sie haben in diesem ideomotorischen Training das, was sie im Wettkampf erwartet, visualisiert, um bestmöglich darauf eingestellt zu sein. Im Fußball ist das ebenfalls möglich. Es kann damit beginnen, wie ich ins Stadion einlaufe, wie ich das Trikot trage, aber auch, wie ich einen Zweikampf führe, Flanken schlage, Tore schieße und anschließend mit meinen Mitspielern juble. Stellt man sich Bewegungsabläufe immer und immer wieder vor seinem geistigen Auge vor, ist es, als habe man diese viele Male in der Praxis durchgeführt. Dementsprechend ist man auch vorbereitet, wenn etwas nicht optimal läuft und hat im besten Falle für diese Situation bereits eine Lösung parat.

Pep Guardiola bekämpft die Nervosität vor einem Spiel folgendermaßen: „Ich bleibe auf meinem Zimmer, denke nach, was während des Spiels passieren kann. Versuche, mir Lösungen zu überlegen, wenn wir nicht gut spielen."[28]

Neben der Vorstellungskraft helfen übrigens auch gezielt geführte Selbstgespräche dabei, das Vertrauen in die eigene Leistungsfähigkeit zu steigern. Ob diese Gespräche nur innerlich vonstattengehen oder laut erfolgen, spielt dabei keine Rolle. Wichtig ist, dass auch hier keine Beurteilungen stattfinden, wenn diese Selbstgespräche im Training oder während eines Spiels geführt werden. Denn damit stört man, wie bereits beschrieben, seine eigene Konzentrationsfähigkeit.

TRAINING DES GEISTES ALS VERLETZUNGSPROPHYLAXE

Zur mentalen Ausbildung gehört darüber hinaus die intellektuelle Auseinandersetzung mit dem Fußball. Wichtig ist, das eigene Spiel zu verstehen und ein Bewusstsein für die Aufgaben der Mitspieler zu entwickeln. Dadurch erschließt sich mir z. B., warum ich den Ball wie weiterspielen muss.

Jede Art von Training des Geistes ist vorteilhaft für den Fußballer. Asiatische Sportarten wie Tai-Chi oder Qigong gehören dazu. Philipp Lahm hingegen schwört schon seit Jahren auf Yogaübungen. Dadurch kann er sich nach Spielen entspannen oder im Training

stretchen. Es ist möglich, durch diese Übungen die mentale Situation zu verändern und die eigene Konzentrationsfähigkeit zu steigern. Das Schärfen der Sinne ist auch eine Form der Verletzungsprophylaxe. Riesenslalomexpertin Tina Maze führt zum Beispiel die zahlreichen Stürze und damit einhergehenden Knieverletzungen im Wintersport auf eine übermäßige Nutzung von Smartphones zurück: „‚Ich werde müde durchs Internetsurfen, ich sehe weniger und es fällt mir schwerer, mich zu konzentrieren – erst recht, wenn die Sicht schlecht war', beschreibt Maze den negativen Einfluss von Smartphones.

‚Und wenn der Kopf nicht frei ist, steigt die Gefahr einer falschen Reaktion', erklärt die Slowenin und appelliert an ihre Kollegen: ‚Ich denke, alle Skifahrer, die ihre Knie heil halten wollen, sollten sich darüber Gedanken machen.'"[29] Diese Aussage gilt selbstverständlich nicht nur für den Skisport.

SIEGERMENTALITÄT

Spricht man über Mentalität, fällt im Leistungssport automatisch auch der Begriff der **Siegermentalität**. In der Regel steckt diese in einem Sportler und ist nur schwer zu trainieren. Die Frage ist, wo die Siegermentalität beginnt und wo sie endet. Jeder Mensch selbst muss entscheiden, wie weit er geht. Es wird im Sport, ebenso wie in allen anderen Lebensbereichen, immer Menschen geben, die besser sind als man selbst. Nach einem Wettkampf dürfen die Gedanken daher nicht nur um die Fragestellung kreisen, wer gewonnen hat. Viel entscheidender für die persönliche Entwicklung ist es doch, ob man sein Bestes gegeben hat und vollumfänglich an die Leistungsgrenzen oder gar darüber hinausgegangen ist. Wichtig ist nämlich die Fähigkeit, bei allem Ehrgeiz auch Niederlagen verarbeiten zu können und damit schließt sich der Kreis zur charakterlichen Ausbildung.

Ein wichtiger Gradmesser für die Grenzen von Siegermentalität ist sicherlich das **Fair Play**. Niemand sollte billigend Verletzungen seiner Gegenspieler in Kauf nehmen, um eine Partie zu gewinnen. Generell ist es ratsam, den Wettkampf als Überwinden von Hindernissen und nicht als „Kampf" gegen einen bestimmten Gegner zu sehen. Denn beide Parteien, gleichgültig, ob Einzelsportler oder Mannschaften, entwickeln sich durch den Wettkampf weiter. Sie sind aufeinander angewiesen, um besser zu werden, denn erst der Gegner setzt ihnen Grenzen, die sie überwinden möchten – und umgekehrt ist es genauso. Daher bedeutet Wettkampf auch immer Kooperation.[30] Ziel ist es, sein Bestes zu geben, sich im Hier und Jetzt zu bewegen. Es geht nicht in erster Linie darum, das Spiel für sich zu entscheiden, auch nicht um den Tabellenplatz. Es geht zunächst einmal darum, so viele Zweikämpfe wie möglich zu gewinnen, den nächsten Pass zum Adressaten zu bringen usw. Denn erst, wenn man diese Hindernisse der Gegenwart aus dem Weg geräumt hat, stellt sich der Erfolg ein.

Mentalität ist auch dann entscheidend, wenn es darum geht, sich dauerhaft im Leistungs- bzw. im Profisport zu etablieren. Auf die Frage: „Wie bleibt man groß?", antwortete Basketballstar Dirk Nowitzki: „Mit harter Arbeit. Und man darf nie zufrieden sein. Ich hatte nie die Einstellung, mit der ersten Vertragsunterzeichnung hätte ich es geschafft. Ich wollte in jedem Sommer mehr draufpacken. (...) Ich wollte immer etwas Neues probieren und immer etwas dazulernen. Deshalb habe ich mich von Jahr zu Jahr gesteigert."[31] Dieser innere Hunger, diese stetige Bereitschaft zu einem lebenslangen Lernen, macht den Unterschied. Es muss der Antrieb vorhanden sein, auch im Training immer an die eigenen Grenzen zu gehen, um sich weiterzuentwickeln. Der sogenannte *innere Schweinehund* muss Tag für Tag aufs Neue besiegt werden. Man muss bereit sein, sich körperlich zu quälen. Erst dann schlägt Mentalität bloßes Talent.

Eigen-training

3

3.1 Kippbrett und Co.:
Schutz vor Verletzungen

3.2 Jonglieren und Passen:
Die Technik mit dem Ball

3.3 „Stabi" und Co.: Kraft und Fitness

3.4 Auf dem Bolzplatz – Fußballspiel
ohne Trainer

3 Eigentraining

„Es gibt auch für mich noch viel zu tun. Ich möchte nicht aufhören, zu versuchen, ein besserer Spieler zu werden."[32]
Lionel Messi, FC Barcelona

Das Geheimnis des Erfolgs besteht in Übung. Der amerikanische Neurologe Daniel Levitin hat belegt, dass es mindestens 10.000 Übungsstunden bedarf, um eine Fähigkeit, gleichgültig, auf welchem Gebiet, zu perfektionieren. Selbst ein professioneller Sportler muss immer wieder an seinen Grundlagen arbeiten, um kontinuierlich Spitzenleistungen abrufen zu können. Je früher man mit regelmäßiger Übung beginnt, desto besser. Dies kann man nicht nur unter Anleitung seines Trainers tun, sondern durchaus auch in Eigenregie. Denn wer zusätzlich zum Mannschaftstraining an sich arbeitet, tut mehr als andere und arbeitet unter Umständen sogar gezielter. Mit sehr hoher Wahrscheinlichkeit lassen sich bereits nach kurzer Zeit erste Erfolge erzielen. Um Verletzungen und Überbelastung zu vermeiden, müssen Eigen- und Mannschaftstraining gut aufeinander abgestimmt sein.

Übrigens ist Eigentraining unmittelbar vor oder nach dem Vereins-/Mannschaftstraining möglich. Hier lässt sich die Infrastruktur des Vereins (Fußballplatz, Tore usw.) nutzen. Vor oder nach dem Training bietet es sich an, auf dem Platz zu üben. Viele Profis machen das heute noch nach dem Mannschaftstraining und konzentrieren sich dabei besonders auf Freistöße, Flanken, Torschüsse, Kopfbälle usw.

VON DEN BESTEN LERNEN

Um sich Anregungen für das eigene Training zu holen, empfiehlt es sich, Profifußballern beim Training, beim Aufwärmen oder beim Spiel zuzuschauen. Gerade für Spieler eines Nachwuchsleistungszentrums ist das ein Leichtes, da sie oft auf dem gleichen Gelände wie die Lizenzspieler trainieren oder bei deren Heimspielen Balljungen sind, aber auch alle anderen Fußballer haben immer wieder die Chance dazu – und sei es nur vor dem Fernseher.

Doch natürlich will auch das Beobachten gelernt sein. Es geht nämlich nicht darum, einen Profispieler vollständig zu kopieren. Es steht vielmehr im Vordergrund, herauszufiltern, was für die eigene Entwicklung aktuell wichtig ist. Man muss das entdecken, was sich zu lernen lohnt. Dementsprechend braucht man sich nur auf einen bestimmten Teil einer Bewegung zu fokussieren. Diesen kann man dann für den eigenen Lernprozess nutzen. Denn das Lernen erfolgt nach und nach. Es macht keinen Sinn, Schritt vier vor Schritt eins zu machen.

Durch das Beobachten wird der Prozess der Verbesserung automatisch in Gang gesetzt. Man beobachtet z. B. einen bestimmten Bewegungsablauf, ohne ihn jedoch zu bewerten. Das heißt, dass die innere Stimme nicht suggerieren darf, das Nachahmen sei zu schwierig o. Ä. Dann stellt man sich das Resultat vor, also, wie man selbst diese Bewegung ausführt. Mit dem nötigen Selbstvertrauen stellt man sich nun der Herausforderung und übt unaufhörlich. Dabei kann man sich selbst nur immer wieder ermutigen, sollte jedoch nichts erzwingen wollen, da man sonst verkrampft. Im Laufe der Zeit lässt sich ein Wandel beobachten.

- **Technik:** Besonders Dribblings und Torschüsse lassen sich ohne Trainingspartner üben. Ist eine Wand vorhanden, kann man darüber hinaus das Passspiel sowie Ballan- und -mitnahme trainieren.
- **Taktik:** Ohne Trainingspartner lässt sich Taktik vor allem mental trainieren. Man kann sich vergegenwärtigen, wie die eigenen Laufwege, das eigene Offensiv- und Defensivverhalten oder die Art der Pässe, die man spielen möchte, aussehen sollen. Ist man zu zweit, kann man 1:1-Situationen trainieren. Mentales Training kann an jedem Tag durchgeführt werden. Das Training mit einem Partner sollte an spiel- und trainingsfreien Tagen, jedoch nicht unmittelbar vor einem Spiel, angesetzt werden, da dies eine sehr intensive Trainingsform ist.
- **Kondition:** Gerade in Sachen Kondition sind dem Eigentraining kaum Grenzen gesetzt. Ob Kraftausdauer mit einem Athletikprogramm oder fußballspezifische Ausdauer mit Intervallläufen – es gibt zahlreiche Möglichkeiten, sich zusätzlich

zum Mannschaftstraining zu betätigen. Ein 15-minütiges Stabilisationsprogramm kann man auch an einem Trainingstag durchführen. Die übrigen Konditionseinheiten sollten an trainingsfreien Tagen stattfinden, jedoch nicht am Tag vor einem Spiel.

- **Die Sinne schärfen:** Um sich im Training zu verbessern, ist es wichtig, dass man sich auf seine Sinne verlassen kann. Konkret geht es dabei um das Hören und das Fühlen. Wenn man bei einem Volleyschuss den Ball perfekt trifft, hat er einen bestimmten Klang. Prägt man sich diesen gut ein, kann man feststellen, dass der Körper dazu neigt, Verhaltenselemente zu wiederholen, die diesen Klang erzeugen. Führt man darüber hinaus Übungen im Zeitlupentempo aus, entwickelt man ein Bewusstsein für die eigene Muskulatur und kann zunehmend spüren, ob der Bewegungsablauf richtig ist. Beim Laufen, Dribbeln oder Schießen eignet man sich einen eigenen Rhythmus an und speichert somit sensorisches Wissen.

Im Folgenden sind ein paar Anregungen zum Eigentraining aufgeführt. Jede dieser Übungen kann weiterentwickelt und abgeändert werden. Der Spieler sollte stets seine Kreativität walten lassen, wenn er alleine oder mit Freunden Fußball spielt.

Diese Variationsmöglichkeiten lassen sich auf die Übungen anwenden:

- **Ball:** Es können unterschiedliche Bälle verwendet werden. Es eignen sich alle Arten von Bällen – kleine oder große, weiche oder harte, runde oder ellipsenförmige. Jeder Ball wird dich auf eine andere Art fordern.
- **Schuhwahl:** Nahezu jede Übung kann auch barfuß absolviert werden. Das Spielen ohne Schuhe fühlt sich anders an und wird deine Technik verbessern. Ebenso kannst du es mit Strümpfen/Socken oder mit anderen Schuhen probieren. Du wirst feststellen, dass du dich immer wieder aufs Neue dem Ball anpassen musst. Das macht deine Technik am Ende besser.
- **Untergrund:** Auch der Untergrund lässt sich verändern. Übungen auf Naturrasen sind etwas anderes als Übungen auf Beton oder Asphalt. Deine Technik muss sich an den Untergrund anpassen. Auch unebener Untergrund eignet sich ideal für deine technische Verbesserung. Wer sich auf unebenen, harten Böden sicher fühlt, tut dies letztlich überall. Jeder Untergrund hat seine Eigenheiten – ob weich oder hart, ob eben oder uneben. Du wirst sehr schnell lernen, dich daran anzupassen.
- **Entfernung:** Je kleiner der Ball ist, desto geringer wählst du die Entfernung für eine Pass- oder Dribbelstrecke. Mit einem Tennisball zum Beispiel erreichst du eine „Dimension", um problemlos in einem kleinen Zimmer oder in einem Flur trainieren zu können.

- **Ort:** Zu Hause lässt sich grundsätzlich immer ein Ort finden, an dem du trainieren kannst. Nimm deine Umgebung genau unter die Lupe und du wirst viele passende Möglichkeiten fürs Training finden.
  - **Keller:** Wenn es zum Beispiel im Keller Platz zum Trainieren gibt, nimmt es dir sicherlich niemand übel, wenn du dort eine Wand in Anspruch nimmst. Auch der Untergrund ist für Fußball geeignet.
  - **Zimmer:** Solltest du bei dir zu Hause ein großes Zimmer haben, hast du ebenfalls gute Möglichkeiten, zu trainieren. Du musst nur dein Schuhwerk evtl. an diese Gegebenheiten anpassen (Socken, barfuß) und natürlich den Ball. Kleine und weiche Bälle sind ideal.
  - **Garage:** Solltet ihr eine Garage haben, hast du ebenfalls einen tollen Trainingsraum. Steht das Auto draußen, gibt es viel Platz zum Dribbeln, Passen, Jonglieren etc.
  - **Garten:** Optimale Möglichkeiten bieten sich außerdem in einem Garten. Aber hier gilt es, gut auf die Blumen und Pflanzen der Eltern zu achten.
  - **Nähere Umgebung:** Wenn du ein bisschen zu Fuß unterwegs bist, wirst du einen Hinterhof, eine unbefahrene Straße, eine Wiese, einen Bolzplatz oder Ähnliches finden. Hier kannst du dich voll ausleben. Und: Du hast bestimmt Freunde in deiner Nähe. Vielleicht haben die auch Möglichkeiten bei sich zu Hause.
- **Zu zweit:** Jede Übung kannst du auch mit einem Partner durchführen.
- **Allein:** Wenn du alleine trainierst, kannst du immer wieder deine Zeit stoppen und somit die einzelnen Durchgänge vergleichen.
- **Mit mehreren Teilnehmern:** Du kannst einen Wettbewerb mit mehreren Freunden ausspielen. Ihr könnt in direkten Duellen gegeneinander antreten und im K.-o.-Wettkampf oder im Modus jeder gegen jeden den Sieger ermitteln. Achtet auch hier auf eine hohe Qualität. Spielt den Ball mit dem linken und dem rechten Fuß. Nutzt verschiedene Techniken.

TRAININGSVORBEREITUNG

Training ist eine körperliche, geistige und seelische Herausforderung. Unabhängig davon, ob man sich im Verein, im heimischen Garten oder mit Freunden auf dem Bolzplatz bewegt, lohnt sich, ähnlich wie am Spieltag, eine gute Vorbereitung. Das bedeutet, sich einen strukturierten Tagesplan zurechtzulegen, der einem erlaubt, während der Einheit mit den Gedanken voll und ganz bei seinen Übungen zu sein. Außerdem ist es wichtig, in sich hineinzuhören und unter Berücksichtigung des persönlichen Befindens realistische Ziele für das Training zu entwickeln. Um nicht bereits vor der Einheit völlig gestresst zu sein, ist es ratsam, sich eine Pufferzone von einer Viertelstunde einzurichten und beispielsweise eher auf dem Vereinsgelände oder dem Bolzplatz anzukommen, um sich dann ganz in Ruhe aufs Training vorzubereiten (z. B. sich umziehen, mit Freunden sprechen usw.).

3.1 KIPPBRETT UND CO.: SCHUTZ VOR VERLETZUNGEN

Eine der häufigsten Verletzungen eines Fußballers ist der Bänderriss im Sprunggelenk. Dafür ist nicht einmal eine Einwirkung des Gegners vonnöten. Natürlich kann das Sprunggelenk durch einen Schlag bzw. einen Tritt in eine unnatürliche Position gebracht werden, in der die Bänder reißen. Der gleiche Effekt tritt mitunter aber auch dadurch ein, dass man sich beim Laufen vertritt, auf unebenem Geläuf mit dem Fuß in ein Loch im Rasen gerät etc. Es gibt zahlreiche Gefahrenquellen. Umso wichtiger ist eine gewissenhafte Verletzungsprophylaxe. Mit einfachsten Mitteln und wenig Aufwand kann der Bänderapparat gestärkt und die Muskulatur gekräftigt werden. Bereits ein Training von dreimal wöchentlich zehn Minuten in der Saisonvorbereitung sowie einmal wöchentlich fünf Minuten während der Saison verringert das Verletzungsrisiko bereits deutlich. Das Schlüsselwort lautet **Propriozeption**.

PROPRIOZEPTION

„Unter Propriozeption versteht man die (meist unbewusste) Wahrnehmung von Gelenkstellung, Muskelspannung sowie Bewegungsrichtung und Lage des Körpers im Raum. Durch Propriozeptionstraining erarbeitet sich der Spieler gespeicherte Reaktionsmechanismen für einen möglichst schnellen Abruf.

Beispiel: Tritt der Spieler auf unebenem Untergrund nicht optimal auf, kompensiert er blitzschnell den Fehltritt, ohne dass es zu einem Umknicken kommt. Natürlich wird das propriozeptive Vermögen auch vom Ermüdungszustand und dem Konzentrationsvermögen beeinflusst und beispielsweise durch Alkoholkonsum deutlich beeinträchtigt."[33]

Ein gezieltes Training des Bänderapparats sowie der Muskulatur im Sprunggelenk bringt Vorteile im Spiel und beugt Verletzungen vor. Schließlich wird beides für die seitlichen Sprints benötigt und bei vielen Spielern ist diese Muskulatur gar nicht so ausgebildet. Das zeigt sich darin, dass sie im 1:1 zwar stark, in seitlichen Sprints jedoch zu langsam sind, um sich zu behaupten, weil die entsprechenden Muskeln fehlen.

KIPPBRETT

Ein Kippbrett kann man entweder relativ kostengünstig im Sportgeschäft oder ab und an auch bei Discountern erwerben, oder aber selbst bauen. Hierzu benötigt man ein breites, stabiles Brett, auf dem man einen sicheren Stand hat, und eine halbrunde Leiste, die man darunter (am besten schräg) befestigt. Fürs Training mit dem Kippbrett bieten sich unzählige Möglichkeiten, die man nebenbei, z. B. beim Fernsehen oder beim Lernen, durchführen kann. Durch sie werden die Bänder gestrafft, bleiben geschmeidig und die Beweglichkeit des Sprunggelenks wird erhöht. Daher hilft diese Übung einem Spieler auch bei Tricks weiter, weil das Gelenk einen höheren Radius bekommt.

Hier nur eine kleine Übersicht möglicher Übungen:

- Balancieren mit Festhalten auf beiden Füßen oder im Einbeinstand;
- Balancieren ohne Festhalten auf beiden Füßen oder im Einbeinstand;
- Balancieren mit Zuspiel eines Balls;
- Balancieren mit gleichzeitigem Ballhochhalten;
- Balancieren und gleichzeitiges Training mit einem Thera-Band®.

MAISTRETEN

Beim Maistreten kann man ebenfalls mit wenig Kosten einen guten Effekt erzielen, indem man eine Kiste, einen Wäschekorb, eine Plastikwanne o. Ä. auf eine Höhe von mindestens 20 cm mit Futtermais füllt und barfuß darin trainiert. Durch Abrollen und Skippings (aktives Anheben des Knies nach vorne bei kräftigem Fußabstoß und gestrecktem Körper) wird die Fußgelenkarbeit ebenso gefordert wie die gesamte Wadenmuskulatur.

SAND

Auf Sand kann man auch dann trainieren, wenn man nicht direkt am Meer wohnt. Ein Sandkasten im Garten, ein Beachvolleyballfeld, eine Weitsprunggrube am Sportplatz oder ganz banal eine Kiste bzw. zwei Schuhkartons, die man selbst mit Sand füllt, eignen sich bestens hierfür. Wenn man auf Sand läuft, gibt dieser leicht nach. Daher verspürt man bei einem Spaziergang oder beim Joggen am Strand eine höhere Anstrengung als auf festem Untergrund. Diesen Effekt sollte man sich zunutze machen. Je nach den gegebenen Möglichkeiten kann man auf der Stelle oder in größeren Kreisen laufen. Man kann anfersen, sich im „Hopserlauf" fortbewegen usw. Die Auswirkung auf den Körper bleibt gleich, gleichgültig, wie groß der zur Verfügung stehende Radius ist. Zum einen werden beim Barfußlauf die Fußrezeptoren angesprochen, zum anderen dient diese Übung ebenfalls der Straffung der Bänder und dem Training der Muskulatur. Es ist generell förderlich, beim Laufen verschiedene Untergründe zu schaffen.

3.2 JONGLIEREN UND PASSEN: DIE TECHNIK MIT DEM BALL

„Früher auf der Straße habe ich 1:1 gespielt, stundenlang. Ich habe immer gedribbelt, gedribbelt, gedribbelt."[34]
Arjen Robben, FC Bayern München

3.2.1 DRIBBLING

Lionel Messi ist ein Spieler, der mit seinen ausgezeichneten Fähigkeiten am Ball, seinen Dribbelkünsten besticht. Ihn zeichnen eine enge Ballführung und blitzschnelle Richtungswechsel aus, die ihn unberechenbar machen. So gelingt es ihm, selbst die routiniertesten Verteidiger auszuspielen und eine Partie mit nur einer Aktion allein zu entscheiden. Das hat ihm zahlreiche persönliche Auszeichnungen eingebracht und seinen Teams unzählige Erfolge beschert. Jeder Fußballer muss sich im 1:1 behaupten, gleichgültig, auf welchem Niveau er spielt. Daher lohnt es sich, an dieser Facette intensiv zu arbeiten.

DIE WICHTIGSTEN GRUNDLAGEN

Das **Dribbling** ist eine der wichtigsten Grundtechniken im Fußball. Man sollte es auf jeden Fall beidfüßig erlernen, um im Spiel flexibler reagieren zu können. Beherrscht man das Dribbling, kann man Schritt für Schritt dessen Qualität verbessern. Dabei gilt es, die Schnelligkeit zu steigern und einen flüssigen Bewegungsablauf beizubehalten. Anschließend kann man Finten oder Tempowechsel einbauen, ohne den Ball zu verlieren.

Lerne zuerst das Dribbeln mit beiden Füßen und stabilisiere es durch häufiges Üben. Je öfter du alle Arten des Dribblings – also mit der Innenseite, Außenseite und mit dem Spann – trainierst, desto erfolgreicher wird dein Dribbling. Ziel muss es sein, alle erlernten Grundtechniken des Dribblings dynamisch, schnell und explosiv zu beherrschen.

DRIBBLING MIT DER INNENSEITE

- Neige den Oberkörper in Laufrichtung leicht nach vorne.
- Ziehe die Fußspitze des ballführenden Beins leicht an.
- Dribble den Ball mit der Innenseite eng am Fuß.
- Beobachte beim Dribbling immer die Spielumgebung. Halte den Kopf oben, beobachte nicht den Ball.
- Decke den Ball mit dem Körper geschickt ab, wenn dieser dich attackiert.
- Dribble variantenreich mit der Innen- und Außenseite. Nimm immer wieder Richtungsänderungen vor, denn dadurch bist du viel schwerer auszurechnen.
- Dribble sicher und kontrolliert, aber so, dass du jederzeit deine Spielumgebung überblickst. Dadurch erkennst du Abspiel- oder Durchbruchmöglichkeiten schneller.

DRIBBLING MIT DER AUSSENSEITE

- Setze das Dribbling mit der Außenseite vor allem zu schnellen Richtungswechseln ein.
- Löse den Blick vom Ball, um die Spielumgebung beobachten zu können – also: Kopf hoch.
- Dribble immer mit dem gegnerfernen Bein – dadurch wird der Ball optimal abgedeckt.
- Dribble variantenreich mit der Innen- und Außenseite.
- Dribble zur Ballsicherung in freie Spielräume vom Gegner weg, bis sich eine Durchbruch- (also Möglichkeit zum Alleingang) oder Abspielmöglichkeit bietet.
- Decke den Ball mit dem Körper geschickt gegen einen Gegner ab, wenn dieser dich attackiert.

DRIBBLING MIT DEM SPANN

- Das Dribbling mit dem Spann eignet sich vor allem dazu, in hohem Tempo freien Spielraum zu überbrücken.
- Lege den Ball dabei mit jedem Kontakt etwas weiter vor (damit du Tempo in dein Dribbling bekommst), aber halte ihn trotzdem immer so dicht am Körper, dass er jederzeit kontrolliert wird.
- Strecke das Fußgelenk etwas, die Fußspitze zeigt zum Boden.

- Mache dich durch eine durchgedrückte Hüfte „groß" beim Dribbeln mit dem Spann.
- Dribble beherzt und in hohem Tempo nach vorne, wenn sich freie Spielräume bieten.
- Vor allem bei Kontervorstößen bieten sich Tempodribblings über längere Distanzen an, um in Angriffsbereiche vorzudringen.
- Präzision und Kontrolle über den Ball sind stets wichtiger als das Tempo – dribble also immer nur so schnell, wie es dein Können und deine Spielsituation zulassen.

Auf das Erlernen von Finten, Täuschbewegungen und Tricks wird an dieser Stelle nicht eingegangen. Hier sind eurer Kreativität beim Ausprobieren keine Grenzen gesetzt. Es gilt das Motto: Was klappt, ist top.

WORAUF MAN BEIM DRIBBELN ACHTEN SOLLTE

- eine enge Ballführung;
- schrittweise das Tempo erhöhen;
  → Sprints mit dem Ball einlegen und ihn dabei so oft wie möglich mit dem Fuß berühren;
- die Übersicht behalten und dafür den Blick vom Ball lösen;
- auf einen niedrigen Körperschwerpunkt achten, um auch bei schnellen Richtungswechseln die Balance zu halten – bei größeren Spielern empfiehlt es sich, dafür leicht in die Knie zu gehen;
- Sprints zur Steigerung der Explosivität: von der Grundlinie zum Fünfmeterraum – vom Fünfmeterraum zum Sechzehnmeterraum – vom Sechzehnmeterraum zur Mittellinie – und zurück;
- viel und oft spielen, um zu üben.

TIPPS ZUM DURCHSETZEN GEGEN VERTEIDIGER

- den Ball mit dem Körper abschirmen;
- vor der Ballannahme per Schulterblick herannahende Gegner frühzeitig sehen;
- Ballannahme mit dem Fuß, der sich weiter weg vom Gegner befindet;
- Umgebung und Verteidiger beobachten, um zu sehen, wo sich Freiräume zum Dribbeln befinden (anhand der Hüftstellung des Gegners kann man sehen, in welche Richtung er sich als Nächstes bewegen wird);
- Auftaktbewegung: den Ball mit dem Fuß, in dessen Richtung man laufen möchte, kontrollieren, aber zuerst einen Schritt in die andere Richtung machen, um den Verteidiger zu verwirren;

- sich langsam dem Gegenspieler nähern, bis er mit einer Bewegung preisgibt, was er als Nächstes vorhat, um dann blitzschnell an ihm vorbeiziehen zu können;
- Raumgewinn mit temporeichen Richtungswechseln.
- Der Arm, der dem Gegner am nächsten ist, schirmt den Ball ab. Mit einem ausgefahrenen Arm kannst du den Gegner auf Distanz halten, sodass du den Ball nicht an den Gegner verlierst. Dafür ist es wichtig, zu wissen, wo der Gegner ist. Also schaue dich ständig um und fühle mit deinen Händen, wo der Gegner sich befindet. Deine Augen und deine Hände sind deine Sensoren.

ÜBUNG: DAS ACHTERDRIBBLING[35]

Diese Trainingsform kann überall durchgeführt werden – im Garten, im Hof, auf einem Parkplatz, auf einer Wiese oder sogar in einem großen Zimmer oder Flur.

DURCHFÜHRUNG

- Markiere eine gerade Dribbelstrecke von etwa fünf bis zehn Metern (im Haus reichen oft kurze Strecken).
- Kontrolliere den Ball und durchdribbele die markierte Fläche in Form einer Acht.
- Die beiden Eckpunkte kannst du mit beliebigen Gegenständen markieren. Das kann ein Schuh sein, eine Schultasche, eine Jacke, eine Trinkflasche oder feste Punkte auf diesem Platz, wie z. B. ein Baum.

TIPPS

- Achte darauf, dass du dabei beide Füße einsetzt. Verwende sowohl deinen starken als auch deinen schwachen Fuß (Beidfüßigkeit).
- Wichtig ist eine enge Ballführung, damit der Ball nicht verspringt – führe ihn mit möglichst vielen Kontakten (Fußberührungen).

- Du kannst den Achterparcours mit der Innen- oder mit der Außenseite durchlaufen. Dadurch trainierst du bereits eine zweite Technik.
- Nutze zur Ballführung verschiedene Techniken (z. B. Innenseite, Außenseite, Sohle).

VARIATIONEN

- **Finte:** Du kannst bei der Wende auch eine Finte einbauen (z. B. Übersteiger, Hackentrick etc.).
- **Parcours:** Der Parcours kann in unterschiedlichen geometrischen Figuren aufgebaut werden. Es kann auch ein Dreieck, Viereck oder Sechseck sein. Du kannst aber auch verschiedene Gegenstände frei verteilen oder festlegen, die dann um- bzw. angedribbelt werden müssen.
- **Mit Partner:** Durchdribbelt den Achterparcours zu zweit. Versucht, dabei nicht zusammenzustoßen, sondern dem Partner rechtzeitig, z. B. mit einer Finte, auszuweichen. Dafür müsst ihr den Kopf hochnehmen und den Blick vom Ball lösen.

WETTKAMPF DRIBBELJAGD

Zu zweit: Markiert einen Parcours mit sieben Gegenständen. Ihr habt beide einen Ball und steht euch jeweils an einem Ende des Parcours gegenüber. Auf Kommando dribbelt ihr um die Gegenstände herum. Wer ist zuerst wieder in seiner Ausgangsposition?

Allein: Das kannst du auch alleine machen, immer wieder deine Zeit stoppen und somit deine einzelnen Durchgänge vergleichen.

Mehrere Teilnehmer: Du kannst den Wettbewerb aber auch mit mehreren Freunden ausspielen. Dann könnt ihr entweder direkte Duelle ausspielen und im K.-o.-Wettkampf (oder auch im Modus jeder gegen jeden) den Sieger ermitteln. Achtet auch hier auf eine enge Ballführung. Führt den Ball sowohl mit dem linken als auch mit dem rechten Fuß. Nutzt unterschiedliche Techniken (Innen-, Außenseite) zum Dribbeln.

WEITERE OPTIONEN

- In der Mitte muss eine Finte durchgeführt werden.
- Der Ball muss mit dem linken oder rechten Fuß geführt werden.

Variation: Den Gegner einholen. Einer spielt den Jäger, der andere ist der Gejagte. Der Gejagte hat ein Hütchen Vorsprung und darf einen Gegenstand weiter vorne beginnen. Sobald der Gejagte losdribbelt, verfolgt ihn der Jäger mit dem Ball am Fuß und versucht, ihn zu fangen, bevor er seine Ausgangsposition erreicht hat.

3.2.2 PASSEN

„Xabi Alonso hat sportlich überragende Fähigkeiten: sein Passspiel, seine Ballsicherheit. Er ist ein echter Taktgeber. Er kann Pässe in allen Geschwindigkeiten spielen."[36]

Matthias Sammer, Sportvorstand FC Bayern München

Ein hervorragender Fußballer muss nicht nur dribbeln und schießen können, sondern auch zielgenau passen. Spieler wie Toni Kroos sind dafür bekannt, den Ball punktgenau ans Ziel zu bringen. Seine Mitspieler sind es gewohnt, den Ball exakt in den Fuß zu bekommen und selbst über 30 oder 40 m Entfernung mit guten Pässen bedient zu werden. Auch ihm ist diese Fähigkeit nicht einfach so zugeflogen: Er hat sie sich durch viel Training erarbeitet. Um das Passen zu üben, braucht man nicht unbedingt einen Mitspieler. Mit den folgenden Übungen lässt sich ganz alleine nicht nur das Passen, sondern auch das An- und Mitnehmen des Balls trainieren.[37]

DIE WICHTIGSTEN GRUNDLAGEN

Das **Passen** ist eine der wichtigsten Techniken im Fußball, da sie in jedem Spiel am häufigsten benötigt wird. Von daher ist es wichtig, so früh wie möglich die Grundlagen des Passens zu beherrschen, um dann in einem weiteren Schritt alle verschiedenen Passtechniken in hohem Tempo unter Gegnerdruck erfolgreich anwenden zu können. Mit den verschiedenen Passarten können vielfältige taktische Aufgaben gelöst werden, denn die Bälle können mit unterschiedlicher Schärfe, Weite und Höhe gespielt werden.

Wichtig dabei ist, dass die Bewegungsdynamik immer weiter gesteigert wird, ohne dass Präzision und korrekte Technikabläufe darunter leiden.

Die wichtigste Technik für das Zusammenspiel ist der Pass mit der Innenseite. Beim sogenannten *Innenseitstoß* ist die Präzision des Zuspiels am größten und fast alle Passsituationen in einem Spiel können mit dieser Technik bewältigt werden. Entsprechend häufig wird der Innenseitstoß im Spiel angewandt und sollte daher im Training auch einen adäquaten Stellenwert bekommen. Vor allem gilt es, auf eine korrekte Beinarbeit zu achten: Das Standbein setzt stets neben dem Ball auf und zeigt in Passrichtung. Das Fußgelenk des Beins, mit dem du den Ball spielen willst, wird fixiert und der Fuß nach außen gedreht. Das Spielbein schwingt nach dem Pass mit der Innenseite nach. Auch auf den Oberkörper gilt es zu achten. Der Gegenarm muss ausgefahren sein, um die nötige Balance und Körperspannung zu haben, um den Körper vollständig geöffnet zu haben und auch einen eventuellen Gegner wegzuhalten.

PASSEN MIT DER INNENSEITE

- Spiele den Ball mit der breiten Innenseite des Fußes.
- Setze das Standbein direkt neben dem Ball auf.
- Drehe das Spielbein (das ist der Fuß, der anschließend den Pass spielt) bei leicht gebeugtem Kniegelenk im Hüftgelenk nach außen.
- Stelle das Fußgelenk des Spielbeins fest, hebe die Fußspitze an.
- In dem Moment, in dem du den Ball triffst, sollte dein Spielfuß um 90 Grad nach außen rotiert sein.

- Hole mit dem Spielbein Schwung und schwinge dem Ball nach.
- Mit der Innenseite des Fußes kann der Ball am sichersten und genauesten zugespielt werden. Vor allem direkte Kombinationen fallen damit leichter.
- Auch bei Torschüssen aus kurzer Distanz wird die gleiche Technik wie beim Passen eingesetzt – direkt und platziert.

PASSEN MIT DER AUSSENSEITE/ DEM AUSSENSPANN

- Laufe in gerader Richtung oder etwas schräg zum Ball an.
- Strecke den Fuß des Spielbeins und drehe ihn leicht nach innen.
- Setze das Standbein leicht gebeugt seitlich hinter dem Ball auf.
- Neige den Oberkörper leicht über den Ball.
- Triff den Ball mit der Außenfläche des gestreckten Spanns.
- Außenseitpässe sind vor allem dazu geeignet, für den Gegner völlig überraschend verdeckte Pässe zu spielen. Sie sind gerade bei Doppelpässen ein wirkungsvolles Mittel.
- Außerdem sind mit Einsatz des Außenspanns weite Effetbälle (angeschnittene Bälle) möglich.

Der Innenspann ist auch für das Passspiel einsetzbar. Die Technik ist in Kap. 3.2.4 „Schießen" erläutert.

Es ist außerdem möglich, Pässe mit dem Vollspann zu spielen. Diese Technik für das Anwenden beim Passen ist äußerst schwierig, weil damit nur sehr schwer Präzision erreicht werden kann.

WORAUF MAN BEIM PASSEN ACHTEN SOLLTE

- Das Erlernen einer sauberen Technik mit der Innenseite.
- Der Adressat des Passes muss feststehen und er muss anspielbar sein.
- Es darf kein Gegenspieler in der Passlinie stehen.
- Beim Pass aus dem Lauf heraus: Tempo reduzieren und Standbein neben den Ball setzen.
- Beim Pass aus dem Stand: einen Schritt zurückgehen und Standbein neben den Ball setzen.
- Der Fuß des Standbeins zeigt in Richtung des Ziels.
- Beim Spiel mit der Innenseite sollte der Ball im Zentrum voll getroffen werden.
- Während des Passens sollte das Fußgelenk angespannt sein.
- Das Bein sollte durchgeschwungen werden – jedoch nur so weit, dass der sichere Stand nicht beeinträchtigt wird.
- Je nachdem, wie groß die Distanz zum Mitspieler ist, muss viel Kraft in den Pass gesteckt werden.

ÜBUNG: DAS WANDPASSSPIEL[38]

Suche dir eine freie Wand und spiele den Ball flach und scharf gegen eine darauf markierte Fläche. Den zurückspringenden Ball nimmst du zur anderen Seite an und mit. Nutze dafür beide Füße im Wechsel. Passe mit der Innenseite des rechten Fußes an die Wand. Nimm den zurückprallenden Ball mit der rechten Innenseite mit einem Kontakt diagonal nach links vorne an. Spiele dann direkt mit der Innenseite des linken Fußes an die Wand und nimm den abprallenden Ball mit der linken Innenseite diagonal nach rechts vorne mit. Du entscheidest, wie weit du von der Wand entfernt bist. Diese Übungen sind auch in einem Zimmer oder z. B. in einer Garage möglich.

DURCHFÜHRUNG

- Spiele den Ball scharf und flach gegen eine Rückprallwand.
- Den zurückprallenden Ball mit der Innenseite zur anderen Seite an- und mitnehmen und erneut gegen die Wand passen.
- **Steigerung:** Nimm den zurückprallenden Ball an und spiele ihn mit dem zweiten Kontakt wieder gegen die Wand. Versuche dabei, möglichst beide Füße einzusetzen. So verbesserst du deine Pässe mit beiden Füßen und Annahmen mit beiden Seiten.
- Versuche, den Ball immer schärfer und zugleich flach zu spielen. Achte aber auf die Art von Pässen, die wieder zu dir zurückkommen.
- Denke immer an eine beidfüßige Ausführung.
- Achte außerdem auf ein druckvolles und flaches Passspiel. Hervorragendes Passspiel zeigt sich darin, dass der Ball sich wie an einer Schnur gezogen bewegt. Der Ball „fliegt" gerade nach vorne und dreht sich nicht.

VARIATIONEN

- **Passen mit der Außenseite:** Passe den Ball nun mit der Außenseite. Achte bitte darauf, dass du dein Bein gut durchschwingst und dich „groß" machst, das heißt, dass du das Becken/die Hüfte nach vorne schiebst. Die Technik verwendet man, um dem Ball eine Drehung bzw. Drall zu verleihen. Das benötigt man zum Beispiel, um um einen Gegner herumzupassen oder den Ball in einen bestimmten Raum zu spielen und ihn dabei vom Gegenspieler wegzudrehen bzw. dem Mitspieler in die Bewegung hineinzudrehen. Mit der Außenseite wird auch dann gepasst, wenn der Ball schwer bzw. nicht lesbar für den Gegner gespielt werden soll.
- **Passen mit dem Innen- bzw. Vollspann:** Diese Technik des Passens verwendet man beim Überbrücken von größeren Distanzen, zum Beispiel, wenn du einen Mitspieler anspielen bzw. ins Spiel bringen willst, der weiter entfernt ist. Der Pass mit der Innenseite ist hier zu „langsam". Also musst du dir eine Technik antrainieren, die den Ball schneller macht. Das sind die Techniken mit Innen- und Vollspann. Wie der Name

schon impliziert, trifft man den Ball in beiden Fällen mit dem Spann, also mit dem Fußrücken.
Beim Innenspann wird zusätzlich der Körper geneigt und der Fuß noch etwas mehr gekippt, sodass du den Ball mit der inneren Seite des Spanns triffst. Dadurch wirst du beim Schuss das Spielbein über den anderen Fuß (Standbein) hinwegschwingen.

Beim Vollspann ist der Körper aufrecht und der Fuß gerade. Du triffst den Ball mittig mit dem Spann und schwingst das Spielbein gerade nach vorne aus. Besonders wichtig ist hier, dass du extrem aufrecht sein musst und deine Hüfte komplett nach vorne schiebst, also dich sehr groß machst. Andernfalls besteht bei dieser Technik die Gefahr, in den Boden zu schlagen. Wenn du diese beiden Techniken erlernst, ist es wichtig, zu Beginn weniger auf die Härte des Passes zu achten, sondern auf die Ausführung und dessen Qualität. Nutze nicht mehr als zwei Kontakte, um den Ball anzunehmen und wieder gegen die Wand zu passen. Achte darauf, dass der Ball möglichst gerade und flach wieder von der Wand zurückprallt.

Hast du diese Bewegung verinnerlicht, kannst du härter passen. Aber dann muss auch die Entfernung Ball zur Wand angepasst werden. Diese kann nun durchaus zwölf bis 15 Meter betragen. Beherrschst du diese Technik, hast du automatisch auch einen guten Torschuss.

- **Passen als Lupfer:** Den Ball beim Passen anheben und dies mit einer geringen Geschwindigkeit zu tun, ist eine herausfordernde Art der Technik. Beim Lupfer oder auch Chipball geht es darum, mit dem Fuß unter den Ball zu kommen und das Bein nach dem Treffen des Balls nicht durchzuschwingen. Du musst den Fuß daher eher abstoppen. Der Ball wird mit dem Innen- oder Vollspann gespielt. Spitzenfußballer verwenden den Lupfer, um Mitspieler zu erreichen, wenn der flache Pass nicht möglich ist. Also wird der Ball über ein gegnerisches Bein gehoben. Vor dem Tor sieht man häufig die Szene, dass Angreifer den Ball über den herauseilenden Torhüter heben. Wenn du diese Technik trainierst, förderst du automatisch dein Ballgefühl.
- **Passen mit dem gleichen Fuß:** Spiele den Ball stets mit dem gleichen Fuß und nimm ihn auch immer wieder mit diesem an. Dadurch wiederholst du die gleiche Bewegung immer wieder und kannst diese entwickeln. Aber achte darauf, den Fuß dann und wann zu wechseln, auch um deine Muskulatur zu entlasten. Immer gleiche Bewegungen beanspruchen deinen Körper sehr einseitig und das kann zu Verletzungen führen.
- **Passrhythmus:** Passe einen Ball in unterschiedlichen Rhythmen gegen die Wand. Spiele zunächst drei Pässe mit dem rechten Fuß und zwei Pässe mit dem linken Fuß.

Dann passe zweimal mit rechts und einmal mit links. Zum Schluss passe mit jedem Fuß nur noch einmal. Anschließend beginnst du im gleichen Passrhythmus von vorne, startest aber mit dem linken Fuß.

- **Direktpass an die Wand:** Verbessere dein Direktpassspiel und spiele die Pässe aus zehn Metern Entfernung direkt an die Wand. Achte darauf, dass du möglichst gerade und flach gegen die Wand spielst und das Tempo dabei hochhältst. Wie viele Pässe schaffst du? Eine Steigerung ist das regelmäßige Abwechseln deines Fußes/Spielbeins.
- **Ballhochholer:** Spiele mehrere gerade Pässe gegen die Wand. Drehe dich nach drei bis vier gespielten Pässen seitlich und hebe den heranrollenden Ball mit der Fußaußen- oder -innenseite so hoch, dass du den Ball auffangen kannst. Bringe dabei die Fußaußenseite unter den Ball, indem du den Oberkörper leicht seitlich vom Ball wegneigst. Knicke den Fuß beim Hochholen mit der Innenseite leicht nach innen ein. Sobald der Ball auf der Fußaußen- oder -innenseite auftrifft, ziehe den Fuß explosiv hoch. Als Steigerung fängst du nun den Ball nicht mehr mit den Händen, sondern versuchst, den „angehobenen" Ball direkt oder mit zwei Ballkontakten wieder in Richtung Wand zu passen.
- **Balldrall:** Spiele den Ball mit Drall gegen die Wand. Passe im Direktspiel zunächst mehrmals mit der Innenseite und spiele den Ball dabei mit starkem Innendrall. Triff den Ball dazu seitlich außen und schneide ihn an. Du erkennst das sehr gut daran, wie der Ball sich dann dreht. Nach vier Pässen spielst du mit der Außenseite und starkem Außendrall. Triff den Ball dafür seitlich innen. Wechsle anschließend wieder zurück auf den Innendrallball usw.
- **Indirekte Passkette:** Markiere drei Hütchentore vor einer Wand. Passe den Ball zunächst mit der rechten Innenseite durch jedes Hütchentor. Nimm dabei den zurückprallenden Ball immer mit einem Kontakt zum nächsten Hütchentor an und mit. Wechsle am letzten Hütchentor die Richtung und durchspiele nun jedes Hütchentor mit der linken Innenseite.
- **Wechselpassen:** Variiere deine Passtechnik, spiele den Ball abwechselnd mit der Innenseite und dem Spann eines Fußes gegen die Wand. Gelingen dir mehrere Pässe hintereinander, spiele im direkten Wechsel mit der Innenseite des einen Fußes und dem Spann des anderen Fußes. Dann passe im indirekten Wechsel mit der Innenseite und dem Spann eines Fußes und dann mit der Innenseite und dem Spann des anderen Fußes. Wie viele Pässe schaffst du in Folge ohne Fehler?
- **Pass-Täuschung-Pass:** Suche dir eine Ecke, an der du gegen zwei Wände spielen kannst. Passe den Ball zunächst mit dem äußeren Fuß gegen die eine Wand. Führe dann eine Körpertäuschung aus: Gehe per Ausfallschritt schräg auf den zurückpral-

lenden Ball zu und nimm den Ball mit der Außenseite des anderen Fußes zur Gegenseite mit. Spiele dann mit diesem Fuß gegen die andere Wand, mache wieder eine Körpertäuschung per Ausfallschritt, ehe du den Ball mit der Außenseite des anderen Fußes erneut zur anderen Wand mitnimmst. Versuche, drei bis fünf Durchgänge in einem schnellen Rhythmus zu spielen.

- **Eigenpass-Passen:** Passe den Ball mit der Innenseite eines Fußes an die Wand. Nimm den zurückprallenden Ball mit der Innenseite desselben Fußes an und lasse ihn dreimal zwischen den Füßen pendeln. Dann spiele den Ball mit der Innenseite des anderen Fußes wieder an die Wand.

3.2.3 BALLVERARBEITUNG

Im modernen Fußball gilt die richtige **Ballan-** und **-mitnahme** als einer der wichtigsten Technikbereiche. Darunter versteht man das Empfangen und Verarbeiten eines Zuspiels im Stand, in der Bewegung, mit und ohne Gegnerdruck. Es geht darum, heranrollende oder heranfliegende Bälle zu verarbeiten. Im Spitzenfußball gibt es eigentlich kaum noch eine reine Ballannahme. Um das Tempo aufrechtzuerhalten, nehmen die Spieler den Ball direkt in die Bewegung mit. An- und Mitnahme sind demnach zu einer Technik verschmolzen. Beherrscht man diese, lassen sich Ballverluste vermeiden. Darüber hinaus kann man den Ball direkt am Gegner vorbeilegen, ermöglicht damit ein gezieltes Offensivspiel und kann sich mit wenigen Ballkontakten auch unter hohem Druck Tormöglichkeiten herausarbeiten.

„Heute zum Beispiel hat Andrés eine fantastische Ballannahme abgeliefert. Diese Aktionen lassen dich einfach nur staunen und du wunderst dich, wie kann er den Ball jetzt dort hinbekommen, den Ball dort ruhen lassen, wo er sich befindet. Das sind Dinge, die du normalerweise nicht einmal siehst, wenn du auf der Playstation FIFA spielst."[39]
Thiago Alcántara über Andrés Iniesta

Das An- und Mitnehmen vom Boden abspringender Bälle erfolgt dabei mit Innenseite, Sohle, Außenseite, Innen- und Außenspann, Unterschenkel, Brust.

Das An- und Mitnehmen heranfliegender Bälle erfolgt hingegen mit Innenseite, Außenseite, Innenspann, Außenspann, Vollspann, Oberschenkel, Brust, Kopf.

Fußballspieler müssen Schritt für Schritt alle Techniken der Ballan- und -mitnahme lernen, um auf der Basis dieses Repertoires auf die unterschiedlichen taktischen Anforderungen des Spiels angemessen reagieren zu können. Ziel ist es, nahezu jeden Ball – gleichgültig, ob flach, hoch, kurz, weit, scharf oder angeschnitten – innerhalb kürzester Zeit zu verarbeiten und zu kontrollieren. Gute Fußballer machen die Bälle sehr schnell fest und saugen sie regelrecht an. Ziel ist somit ein beidfüßiges, flexibles An- und Mitnehmen ohne Tempoverlust und im Idealfall mit einer Körpertäuschung.

Die verschiedenen Formen der Ballkontrolle müssen je nach Spielsituation flexibel eingesetzt werden. Vor allem bestimmten die Schärfe und die Flugkurve des herankommenden Balls, welche Technik sich anbietet. Er kann flach, halbhoch und hoch im Bogen ankommen, er kann scharf oder weich zugepasst werden. Dabei ist die Ballverarbeitung keine Frage des Alters. Größere Anforderungen hinsichtlich der Anwendung dieser Technik betreffen vor allem die Dynamik und Präzision der Bewegungsabläufe.

BALLVERARBEITUNG MIT DER INNENSEITE (FLACH)

- Nimm den Ball mit der Innenseite deines Fußes dicht neben dem Standbein an und mit.
- Gib beim ersten Ballkontakt mit dem Fuß des Spielbeins etwas nach.
- Hebe die Fußspitze des Spielbeins dabei leicht an. Der Ball kann dann nicht über deinen Fuß rollen oder hoch wegspringen.
- Nimm den zugespielten Ball vom Gegenspieler weg in den freien Raum an und mit. Dadurch vermeidest du von vornherein einen risikoreichen Zweikampf.
- Laufe dem Zuspiel entgegen, um zu verhindern, dass dein Gegenspieler vor dir an den Ball kommt. (Lerne somit, im Laufen – und nicht im Stehen – Bälle zu verarbeiten.)
- Eine weitere Variante: An- und Mitnehmen mit halber Drehung.

- Versuche, den Ball bei schlechten Bodenverhältnissen bei der Annahme in den Boden zu „drücken“. Hebe dazu etwas mehr den Fuß und gehe über den ankommenden Ball.

BALLVERARBEITUNG MIT DER AUSSENSEITE (FLACH)

- Nimm den Ball mit der Außenseite seitlich vom Standbein weg an und mit.
- Winkele den Fuß des Spielbeins nach innen an. Die Fußspitze zeigt nach unten.
- Nimm jeden Ball in der Bewegung an und in den freien Raum mit. So fällt dir die Ballsicherung leichter.
- Informiere dich schon vor der Ballkontrolle über die Spielumgebung. Beobachte vor allem deinen Gegenspieler.
- Wenn der Gegner dir Spielraum lässt, so nimm den Ball mit einer Drehung mit. Die frontale Position zum Gegner ist am günstigsten.
- Nimm die Bälle in möglichst hohem Tempo sicher an und mit.
- Halte bei der Ballkontrolle Blickkontakt zu deinen Mitspielern.

BALLVERARBEITUNG MIT DER INNENSEITE (HOCH)

- Nimm den Ball mit der Innenseite oberhalb der Ballmitte an, sobald er auf dem Boden aufprallt.
- Nimm den Ball dabei seitlich zum Körper hin mit dem ersten Laufschritt mit.
- Verliere kein Tempo bei der Ballkontrolle.
- Nimm den Ball in hohem Tempo an und mit.
- Verlagere den Körperschwerpunkt weit über den Ball.

BALLVERARBEITUNG MIT DER AUSSENSEITE (HOCH)

- Der Ball wird mit der Außenseite oberhalb der Ballmitte angenommen, sobald er auf dem Boden aufprallt.
- Nimm den Ball dabei seitlich zum Körper hin mit dem ersten Laufschritt mit.
- Verliere kein Tempo bei der Ballkontrolle.
- Nimm den Ball in hohem Tempo an und mit.
- Verlagere den Körperschwerpunkt weit über den Ball.

BALLVERARBEITUNG OBERSCHENKEL

Hebe den Oberschenkel rechtzeitig zum Ball hin an. Gib im Moment des Ballkontakts nach. Die Wucht des ankommenden Balls wird dadurch abgedämpft.

BALLVERARBEITUNG BRUST

Nimm eine leichte Schrittstellung ein. Dein Oberkörper bietet dem Ball eine breite Aufprallfläche. Lenke den Ball beim ersten Kontakt in eine neue Richtung (freier Spielraum).

Im Spitzenfußball ist unter hohem Gegnerdruck eine Ballverarbeitung nur mit einer Körpertäuschung möglich. So kannst du den Ball gegenüber deinem Kontrahenten behaupten. Jede Form der Ballkontrolle kann mit einer Körpertäuschung verbunden werden. Zuerst täuschst du eine Bewegung an, dann kontrollierst du den Ball.

KÖRPERTÄUSCHUNG

Verbinde die Ballkontrolle möglichst oft mit einer Körpertäuschung. Dadurch schüttelst du den Gegner ab und vermeidest Zweikämpfe. Z. B. kannst du das An- und Mitnehmen nach innen antäuschen, den Ball dann aber mit der Außenseite des Fußes zur anderen Seite wegdribbeln. Allerdings muss die Körperfinte klar und eindeutig sein, wenn der Gegner darauf hereinfallen soll. Leite hierfür die Körperfinte zum richtigen Zeitpunkt ein. Du musst den Gegner bei der Ballkontrolle in die falsche Richtung locken, dann startest du zur anderen Seite. Damit schüttelst du ihn ab und gewinnst größeren Aktionsraum.

GRUNDSÄTZLICHES ZUR TECHNIK DER BALLAN- UND -MITNAHME

- Um ein Wegprallen des Balls zu verhindern, muss der annehmende Körperteil (z. B. Fuß) im Moment der Ballberührung leicht nachgeben. Dem geht ein Entgegenkommen des Körpers (Beins) zum Ball voraus. Erleichtert wird die Ballan- und -mitnahme, wenn der nachgebende Körperteil möglichst in einen rechten Winkel zum heranfliegenden Ball gebracht wird.
- Der Ball ist vor dem Gegner zu sichern. Unterstützt wird diese taktische Forderung, wenn man die Ballan- und -mitnahme mit Finten verbindet und den Körper zwischen Ball und Gegner bringt.
- Bei der Ballan- und -mitnahme muss der Ball schnell unter Kontrolle gebracht werden. Am Boden muss zur Ballkontrolle eine Berührung genügen. Das Annehmen in der Luft erfordert oft ein Nachstoppen des Balls. Die Folgehandlung ist schnell anzuschließen.
- Der heranrollende oder heranfliegende Ball wird aus dem Stand oder im Lauf kontrolliert und in ein Dribbling, Abspiel oder Torschuss überführt.
- Der Ball muss immer in Bewegung bleiben.

WICHTIG BEI DER BALLANNAHME MIT DER BRUST

- den Ball schnellstmöglich nach unten abtropfen lassen;
- durch Eindrehen des Oberkörpers verleiht man dem Ball eine bestimmte Richtung;
- in Bauch- und Rückenmuskulatur muss ausreichend Spannung vorhanden sein.

DARÜBER HINAUS IST FOLGENDES ZU BEACHTEN

- Die Laufgeschwindigkeit muss bei scharf entgegenkommenden Bällen abgebremst werden (Zwischenschritt vor der Ballberührung).
- Bei der Ballmitnahme in der Luft muss der Ball schnell zu Boden gebracht werden (Ballkontrolle erleichtert).

TYPISCHE FEHLER BEI DER BALLAN- UND -MITNAHME

Bei der Annahme des Balls am Boden wird das Körpergewicht nicht genügend auf das Standbein verlagert. Der Spieler tritt auf den Ball.

Fehlerkorrektur: Den Ball hochwerfen, auf ihn zulaufen und annehmen. Führen des Balls mit der Sohle, indem der Spieler auf dem Standbein hüpft und den Ball mit der Sohle des Spielbeins führt (vorwärts, rückwärts, seitwärts).

ÜBUNG: WANDPASSSPIEL

Suche dir eine freie Wand und spiele den Ball flach und scharf gegen eine markierte Fläche. Den zurückspringenden Ball nimmst du zur anderen Seite an und mit. Nutze dafür beide Füße im Wechsel. Konkret heißt das: Passe mit der Innenseite des rechten Fußes an die Wand. Nimm den zurückprallenden Ball mit der rechten Innenseite mit einem Kontakt diagonal nach links vorne an. Spiele dann direkt mit der Innenseite des linken Fußes an die Wand und nimm den abprallenden Ball mit der linken Innenseite diagonal nach rechts vorne mit.

- Spiele den Ball scharf und flach gegen eine Rückprallwand.

- Nimm den zurückspringenden Ball mit der Innenseite zur anderen Seite an und mit, und passe ihn erneut gegen die Wand.
- Der Ball ist immer in Bewegung.
- Achte auf eine beidbeinige Ausführung.
- Der erste Kontakt des ankommenden Balls erfolgt mit angewinkeltem Fuß mit der Innenseite. Die Innenseite liegt quasi auf dem Ball und drückt den Ball zu bzw. in den Boden.
- Der Fuß ist hierbei leicht vom Boden angehoben.
- **Variation:** Ballan- und -mitnahme mit der Außenseite.

ÜBUNG: BALLANNAHME UND ZUSPIEL OHNE PARTNER

Markiere dir etwa zehn Meter vor einer Wand ein Wendemal. Du passt den Ball gegen die Wand, nimmst ihn in Richtung Wendemal an und mit, umdribbelst es und spielst den nächsten Pass gegen die Wand.

- Spiele den Ball scharf und flach gegen eine Rückprallwand.
- Den zurückspringenden Ball mit der Innenseite zur anderen Seite an- und mitnehmen und das Wendemal umdribbeln.
- Der Ball ist immer in Bewegung.
- Achte auf eine beidfüßige Ausführung.
- „Offene Stellung" – d. h., ich sehe das eigene und das gegnerische Tor.
- Ballan- und -mitnahme mit dem vorderen Bein in die neue Spielrichtung.
- Oberkörper über dem Ball, tiefe Körperposition → schnelle Beschleunigung möglich.[40]

ÜBUNG: BALLANNAHME UND ZUSPIEL MIT PARTNER

Du bekommst den Ball vom Partner zugespielt, nimmst ihn zur Wand hin an und mit, spielst mit der Wand einen „Doppelpass" und passt zurück. Nimm den Ball so in einer offenen Spielstellung in die Bewegung mit, dass du die Wand und den Mitspieler sehen kannst.

- Spiele den Ball scharf und flach gegen eine (Rückprall-)Wand.
- Nimm den zurückspringenden Ball in offener Stellung in die neue Spielrichtung an und mit, passe anschließend scharf und flach zu deinem Mitspieler, der wieder zurückpasst.
- Der Ball ruht nie.
- Achte auf eine beidfüßige Ausführung.
- „Offene Stellung" – das eigene und das gegnerische Tor sehen.
- Ballan- und -mitnahme mit dem vorderen Bein in die neue Spielrichtung.
- Oberkörper über dem Ball, tiefe Körperposition → schnelle Beschleunigung möglich.[41]

ÜBUNG: VIERECKSPIEL MIT PARTNER

Baut ein etwa zwei mal zwei Meter m großes Quadrat auf. Du spielst den Ball durch das Viereck zum Partner, der den Ball an- und mitnimmt und durch eine andere Seitenlinie zu dir zurückspielt. Ihr könnt den gleichen Ablauf auch mit einem Dreieckaufbau ausprobieren.

- Spiele den Ball flach mit der Innenseite durch das Viereck (Alternativ: mit der Außenseite).
- Achte auf eine beidfüßige Ausführung.
- Nimm den Ball in die neue Spielrichtung mit.
- Der Ball ist immer in Bewegung.
- Variation: Dreieckspiel.[42]

ÜBUNG: FUSSBALLTENNIS (ZWEI ODER VIER PERSONEN)

Sucht euch zu viert ein Hindernis, das ihr als „Netz" verwenden könnt. Probiert ruhig verschiedene Hindernisse aus. Nun spielt ihr 2:2-Fußballtennis. Jedes Team spielt in einem vier mal vier Meter großen Feld. Bevor ihr den Ball zurückspielt, darf er maximal einmal aufkommen. Direkt zurückspielen dürft ihr aber nicht.

- Dies ist auch zu zweit möglich.
- Der Ball muss über das Netz/Hindernis ins gegenüberliegende Feld gespielt werden.
- Weitere Regeln (Wie häufig darf der Ball berührt werden? Wie oft darf der Ball im Feld auftippen?) könnt ihr selbst festlegen.
- Versucht, den Ball mit dem Spann zu treffen.
- **Variationen:** nur mit dem Spann/der Innenseite/dem linken oder rechten Bein.[43]

3.2.4 SCHIESSEN

> „Aus dem Hintergrund müsste Rahn schießen – Rahn schießt – Tooooor! Tooooor! Tooooor! Tooooor!"[44]
>
> Radioreporter Herbert Zimmermann beim 3:2-Siegtor von Helmut Rahn im Finale der WM 1954

Es ist das Ziel eines Fußballspiels, Tore zu schießen und Gegentreffer zu verhindern. Besonders das Erzielen von Toren macht Spaß. Doch dafür gilt es nicht nur, das nötige Durchsetzungsvermögen gegenüber der gegnerischen Abwehr zu besitzen, man benötigt darüber hinaus auch die richtige Schusstechnik, um das Tor zu treffen.

Der **Torschuss** basiert auf der Grundlage der Technik des Schießens. Die richtige Schusstechnik muss wie alle anderen Techniken erlernt werden. Einige Kniffe sind dabei für alle Schusstechniken wichtig:

- Schaue vor dem Torschuss kurz vom Ball hoch, um dich über die eigene Position zum Tor und die Position des Torhüters zu informieren.
- Schließe möglichst jeden Angriff ab.
- Schließe generell aus jeder aussichtsreichen Situation ab. Denn es gilt: kein Torschuss, kein Torerfolg.
- Ein harter Torschuss ist nicht immer die beste Alternative: Ein präziser, dosierter Abschluss aus dem Fußgelenk ist häufig aussichtsreicher.

SCHIESSEN MIT DEM INNENSPANN

- Laufe schräg zur Stoßrichtung an.
- Setze das Standbein seitlich hinter dem Ball auf.
- Verlagere dein Körpergewicht auf das Standbein.
- Drehe den Fuß des Spielbeins etwas nach außen und fixiere dein Gelenk. Die Ferse zeigt dabei nach oben.
- Triff den Ball mit der Innenseite des Spanns.

- Durch die größere Trefffläche des Innenspanns lassen sich Bälle präziser als mit dem Vollspann schlagen.
- Der Innenspannstoß eignet sich vor allem – neben scharfen Schüssen – auch für weite Pässe und Flanken.
- Wenn du mit Effet (angeschnittene Bälle) spielen willst, muss dein Fuß den Ball etwas weiter seitlicher außen treffen.

SCHIESSEN MIT DEM VOLLSPANN

- Stelle das Standbein neben den Ball. Die Fußspitze des Standbeins zeigt dabei in Stoßrichtung.
- Das Fußgelenk des Spielbeins (das ist der Fuß, der den Ball schießt) ist fest, das heißt, der Fuß ist angespannt. Die Fußspitze zeigt zum Boden.
- Richte dich vor dem Schießen komplett auf und strecke die Hüfte raus.
- Der Gegenarm (das ist der Arm des Standbeins) ist ausgefahren und stabilisiert den Körper und den Schuss.
- Das Spielbein schwingt nach der Ausholbewegung geradlinig zum Ball.
- Triff den Ball mit dem Fußrist (das ist die Stelle, an der gewöhnliche Schuhe geschnürt werden).
- Der Vollspannstoß bietet im Spiel viele Anwendungsmöglichkeiten. Damit kannst du die schärfsten Torschüsse und weitesten Pässe abgeben.
- Die Präzision der Bewegung ist wichtiger als der Krafteinsatz.
- Ein unverkrampfter Bewegungsablauf ist von Vorteil.
- Die Fußspitze sollte auch nach dem Schuss gestreckt sein.

Die speziellen Techniken des Torschusses, wie Dropkick, Hüftdrehstoß, Seit- und Fallrückzieher, sind in diesem Buch nicht im Detail erläutert.

ERLERNEN DER SCHUSSTECHNIK

Bei einer geringen Entfernung zum Tor geht es nur noch um die Genauigkeit, nicht um die Wucht des Schusses. In dieser Situation kannst du mit der Innenseite deines Fußes schießen, ähnlich wie beim Passspiel. Bei Schüssen aus größerer Distanz bedarf es darüber hinaus auch Kraft und Präzision, weswegen mit dem Außenrist oder mit dem Vollspann geschossen wird. Dabei ist es ratsam, den Ball so lange wie möglich im Blick zu behalten. Denn wendet sich „der Blick weg vom Ball hin zum Zielobjekt, muss das Gehirn quasi schätzen, wo der Ball genau ist, und die Bewegung wird im entscheidenden letzten Abschnitt quasi blind ausgeführt".[45] Um die Schusspräzision zu erhöhen, sollte der Blick lange auf dem Ball ruhen.

ÜBUNG: WANDPASSEN

- Die Übung ähnelt der des Passens, allerdings wird nun das Schießen trainiert.
- Zu Beginn reicht eine geringe Entfernung zur Wand aus, da es zunächst um das Erlernen der Technik geht. Daher brauchst du nicht so hart zu schießen, sondern achtest eher auf die saubere Ausführung der einzelnen Schritte.
- Merke dir immer: Schießen ist wie Passen – du musst ein Ziel anvisieren und es mit der nötigen Genauigkeit erreichen. Je nach Entfernung zum Tor ist auch eine entsprechende Geschwindigkeit des Balls notwendig, damit er das Ziel erreicht und im Tor einschlägt. Hierzu musst du nämlich auch den gegnerischen Torhüter überwinden. Aber zuerst erlernst du die Technik des Schießens. Anschließend wirst du die Entfernung zur Wand erhöhen und damit die Kraft deines Schusses steigern, die dann automatisch zu einer Erhöhung der Geschwindigkeit des Balls führt.
- **Variationsmöglichkeiten:** Mehr Freude macht diese Übung natürlich, wenn man auf ein richtiges

Tor schießen kann. Ein Garagentor oder zwei nahestehende Bäume, die als Pfosten dienen, sind ein idealer Torersatz. Zur Not genügen auch zwei Schuhe, die als Pfosten dienen. Die Latte denkst du dir. Und wenn du einen Partner hast, mit dem du kickst, kann einer der Torwart sein und der andere der Stürmer. Wechselt euch ab. Auch die Rolle des Torwarts ist sicher eine Herausforderung – zu hechten, sich jeden Ball zu holen, ist ein anspruchsvolles Ziel. Langeweile kommt beim Schießen nie auf. Verändern kannst du nämlich:

- deine Position als Schütze: nahe Entfernung/seitliche Entfernung;
- Schüsse aus dem Stand, mit kurzem Anlauf, mit langem Anlauf;
- die Art des Schusses: der Ball springt vor dir auf, der Ball kommt dir flach entgegen, der Ball kommt dir hoch entgegen (z. B. Abwurf des Torhüters).

DER VOLLSPANNSCHUSS

- Zunächst platzierst du dein Standbein, also deinen schwächeren Fuß, neben den Ball und gehst etwa fünf bis sechs kurze Schritte zurück.
- Nachdem du ausreichend Anlauf genommen hast, machst du nun einen halben Schritt zur Seite. Willst du mit rechts schießen, machst du den Schritt nach links, willst du mit links schießen, machst du einen Schritt nach rechts.
- Nun entscheidest du, auf welche Ecke des Tors du schießen möchtest.
- Du läufst auf den Ball zu. Je näher du ihm kommst, desto höher wird dein Tempo.
- Hast du den Ball erreicht, platzierst du dein Standbein etwa eine halbe Fußbreite neben dem Ball. Die Fußspitze zeigt in die Richtung, in die du schießen möchtest. Anschließend lehnst du dich etwas zurück, um den richtigen Winkel für einen aufsteigenden Bogen des Balls zu bekommen. Um nicht in Rücklage zu geraten, sollte dein Oberkörper sich dabei möglichst über dem Ball befinden. Das verhindert, dass du über das Tor schießt.
- Nun holst du mit dem Schussbein nach hinten aus. Die Ferse ist in der Luft und die Zehenspitzen zeigen zum Boden.
- Triff den Ball mit deinem Spann möglichst in der Mitte und schwinge mit deinem Schussbein möglichst kräftig durch. Beim Durchschwingen zeigt der Fuß in die Richtung, in die der Ball gehen soll. Durch den Schwung wird sich auch der Fuß des Standbeins ein wenig vom Boden lösen. Anstatt das Bein gerade durchzuschwingen, winkelst du das Knie etwas an und führst dein Schussbein sicher zum Boden zurück. Dadurch bleibt dein Stand stabil. Andernfalls würdest du dich zur Seite wegdrehen. Laufe nach dem Schuss noch ein paar Schritte weiter, anstatt abrupt abzubrechen.

ÜBUNG: FREISTÖSSE

Das Nächste, was du tun kannst, wenn du dich beim Schießen verbessern möchtest, ist, ein Tor zu suchen und deine Genauigkeit bei Freistößen zu trainieren.

- **Mit Kraft:** Wenn du es magst, mit Kraft zu schießen, dann positioniere dich ungefähr 18 bis 22 Meter vom Tor entfernt und schieße mit voller Wucht. Visiere als Erstes die Mitte des Netzes an. Wenn du dich nach einigen Wiederholungen sicher fühlst und deine Schüsse genau sind, kannst du versuchen, die Seiten des Tors anzuvisieren.
- **Ohne Kraft:** Wenn du die Freistöße genau, aber ohne Kraft, platzieren möchtest, dann stelle dich selbst etwa 16 bis 19 Meter vom Tor entfernt hin. In einem realen Spiel wird sich die Mauer, von dir aus gesehen, immer in der Nähe des Tors aufbauen. Das heißt, dass du den Ball um, durch oder über die menschliche Mauer zirkeln musst. Der beste Weg führt über die Mauer, der zweitbeste hindurch. Es ist wichtig, den Ball über die Abwehrspieler zu schlenzen, da der Torhüter in der „Torwartecke" stehen wird und den Platz zentral hinter der Mauer frei lässt.

VARIATIONEN

- **Schneller Torschuss:** Du stellst/setzt/hockst/legst dich mit einigem Abstand zum Tor auf den Boden und hältst einen Ball in der Hand. Diesen rollst du in Richtung des Tors, läufst hinterher und schließt möglichst schnell ab. Alternativ kannst du den Ball auch werfen oder mit dem Fuß nach vorne spielen. Darüber hinaus kannst du bei allen Varianten mit dem Rücken zum Tor beginnen. Starte mit einem explosiven Antritt und suche den schnellen Torabschluss.
- **Torschussspiel im 1:1:** Für diese Übung benötigst du einen Trainingspartner. Stellt zwei Tore gegenüber voneinander auf und markiert eine Mittellinie. Ihr könnt den Ball in eurer eigenen Hälfte beliebig vorspielen, um beim Gegner einen Treffer zu erzielen. Starte mit einem explosiven Antritt und suche den schnellen Torabschluss. Hat dein Gegenüber den Ball, kann auch er direkt abschließen. Es kommt bei beiden extrem auf Handlungsschnelligkeit an.
- **Lattentreffen:** Versuche, mit deinem Schuss die Latte des Tores zu treffen. Probiere dabei unterschiedliche Schusstechniken aus und variiere die Entfernung zum Tor. Der Mindestabstand sollte jedoch zehn Meter betragen.

ANGESCHNITTENE BÄLLE

Einige Spieler haben die Fähigkeit, dem Ball beim Schuss einen solchen Effet zu verleihen, dass seine Flugbahn für Gegenspieler und Torhüter nur noch schwer zu berechnen ist. Das hat zum einen mit dem Anlaufwinkel des Schützen zum Ball zu tun, zum anderen damit, wohin und wie der Schütze schaut, wenn er den Ball trifft. Mit Letzterem haben sich japanische Forscher eingehend beschäftigt.

Sie teilten hierfür zwei Dreiergruppen ein. In der Gruppe A waren besonders treffsichere Schützen, in der Gruppe B Schützen mit einer geringen Trefferquote. Auffällig war, dass Gruppe A das Ziel vor dem Schuss deutlich länger anvisierte als Gruppe B. Beim Schuss selbst blickten die Mitglieder der Gruppe A länger nach unten und konzentrierten sich besonders auf eine Stelle zwischen Ball und Ziel. Damit wurden herkömmliche Überzeugungen bestätigt, dass es von Vorteil sei, nicht direkt auf das Schussziel zu schauen.

3.2.5 BALLGEFÜHL

„Wenn ich heutzutage aufs Spielfeld gehe, dann merke ich selbstverständlich mein verbessertes Ballgefühl. Besonders Dribblings, Flanken und Ballannahmen werden durch Freestyle gefördert."[46]

Fußballfreestyler Florian über Vorteile des Jonglierens mit dem Ball

Topspieler haben ein extrem ausgeprägtes **Ballgefühl**. Das brauchen sie auch, denn es ist die Grundlage, um technisch auf einem hohen Niveau spielen zu können. Dabei ist das **Jonglieren** der Klassiker unter den Technikübungen, um das Ballgefühl zu entwickeln und zu verbessern. Dabei ist es gleichgültig, ob man alleine, zu zweit oder in der Gruppe trainiert. Der Kreativität sind keine Grenzen gesetzt. Der Ball kann mit den Füßen, dem Oberschenkel oder dem Kopf jongliert werden. Auch Brust und Schulter kann man mit einbeziehen. Ist man zu mehreren, kann eine Wettkampfform (Wem gelingen die meisten Ballkontakte?) als Ansporn dienen.

JONGLIEREN

Für ein sehr gutes Ballgefühl werden unter anderem eine gute Koordination, Körperbeherrschung, Balance und Gleichgewicht benötigt. Ein erster Schritt zur Verbesserung dieser Dinge ist es, zu lernen, den Ball zu jonglieren. Zwar ist dies eine große Herausforderung und braucht etwas Zeit, aber die Vorteile, die das **Jonglieren** im Spiel bringt, sind groß:

- Verbesserung von Technik, Ausdauer, Konzentrationsfähigkeit, Koordination und Selbstvertrauen;
- Annehmen und Kontrollieren von Bällen aus der Luft;
- das Ballgefühl wird merklich besser;
- durch das Jonglieren mit beiden Füßen wird auch der schwache Fuß besser.

Für das Eigentraining zur Verbesserung der Geschicklichkeit und Sicherheit am Ball bietet sich vor allem das Jonglieren an. Das Jonglieren kann mit unzählig vielen Übungen und Aufgaben ausgestaltet werden. Jonglieraufgaben verbinden hervorragend verschiedene Anforderungen und Lerneffekte für Fußballspieler: Je nach Variation und Komplexität wird die Sicherheit am Ball mit koordinativen und technischen Zusatzelementen verknüpft. Dadurch wird zusätzlich zur Sicherheit und Kreativität am Ball auch die Bewegungsgeschicklichkeit trainiert. Dieses zusätzliche Training fördert die Eigeninitiative eines jeden Fußballers. Er muss sich über eines im Klaren sein: Wer fußballerisch weiterkommen und besser werden will, für den ist beharrliches Üben in Eigenregie Pflicht. Diese Chance muss auf jeden Fall genutzt werden.

Jeder, der einmal versucht hat, den Ball so lange wie möglich hochzuhalten, hat mit Sicherheit gemerkt, dass man nach einigen Minuten sehr ins Schwitzen kommt. Das zeigt, wie anspruchsvoll diese Übung ist. Wenn du es schaffst, beim Jonglieren den Ball immer wieder zu beruhigen und weiter hochzuhalten, bevor er auf den Boden fällt, machst du automatisch kleine Zwischenschritte, mittels derer du deine Koordination stark verbesserst. Gelingt es dir nach ausgiebigem Training, den Ball 20 Minuten am Stück hochzuhalten, verbesserst du alle oben genannten Punkte.

Entscheidend ist die Qualität des Jonglierens und die Art, wie du mit dem Ball umgehst. Dafür ist eine hohe Konzentration nötig. Wenn du deine Technik trainieren möchtest, gibt es viele Möglichkeiten, dies alleine zu tun. Mit kleinen Übungen kannst du dein Ballgefühl verbessern und dafür sorgen, dass der Ball genau das macht, was du von ihm willst.

GRUNDLAGEN

ÜBUNG 1: BEIDE FÜSSE SEPARAT TRAINIEREN

- Um die Ballkontrolle zu erleichtern, lasse etwas Luft aus dem Ball.
- **Erster Schritt:** Halte den Ball mit den Händen in Brusthöhe, lasse ihn fallen und auf dem Boden aufticken. Wenn er sich zum zweiten Mal in Richtung Boden senkt, kicke ihn wieder in die Luft, sodass er wieder Brusthöhe erreicht.

Tipp: Winkle deinen Fuß beim Kicken leicht an und halte deine Knie immer leicht gebeugt, um einen festen Stand zu haben.

- **Übung:** Trainiere so lange erst mit dem einen, dann mit dem anderen Fuß, bis du den Ball von beiden Seiten vor deiner Brust auffangen kannst.
- **Steigerung:** Versuche, den Ball mehrmals in die Luft zu kicken, bevor du ihn wieder fängst, ohne dass er auf dem Boden aufprallt. Konzentriere dich immer erst auf einen Fuß, bevor du mit beiden Füßen jonglierst.

ÜBUNG 2: BEIDE FÜSSE ABWECHSELN

- **Erster Schritt:** Lasse den Ball fallen und aufspringen. Kicke ihn zunächst mit deinem rechten Fuß und versuche, ihn nicht höher als bis zu deiner Taille zu spielen. Denn wenn der Ball aus geringerer Höhe kommt, ist er leichter zu kontrollieren. Mache das Gleiche mit dem linken Fuß.
- **Steigerung:** Fange den Ball erst dann auf, wenn du ihn mit beiden Füßen nacheinander in die Höhe gekickt hast. Dann steigere die Anzahl der Wiederholungen, kicke den Ball dreimal, viermal, fünfmal usw.

ÜBUNG 3: MIT DEM BALL AM BODEN BEGINNEN

- **Erster Schritt:** Setze deinen stärkeren Fuß auf den Ball, rolle ihn den Ball hinunter und bringe deine Zehen unter ihn. Der Ball rollt auf deinen Fuß. Du kannst ihn sofort gerade nach oben kicken und beginnen, zu jonglieren.

Tipp: Die Bewegung kommt aus dem Fußgelenk und nicht aus dem Knie. Daher halte den Fuß nahe am Boden.

- Fange den Ball nicht mehr mit den Händen. Wenn er herunterfällt, dann nimm ihn, wie beschrieben, mit dem Fuß auf.

STEIGERUNGEN

ÜBUNG 1: DAS KNIE MIT EINBEZIEHEN

- **Erster Schritt:** Nimm den Ball in die Hand und hebe ein Knie so weit an, dass es einen 90°-Winkel zu deinem Körper bildet. Lasse den Ball auf die Mitte des Oberschenkels fallen, abprallen und fange ihn wieder auf. So entwickelst du ein Gefühl dafür, wie hoch er prallt und kannst beginnen, den Ball mit einem Oberschenkel zu kontrollieren.
- **Steigerung:** Wechsle zwischen beiden Oberschenkeln ab und jongliere so, wie du es auch mit den Füßen getan hast. Als weitere Steigerung beziehst du deine Füße mit ein: Nimm den Ball mit dem rechten Fuß auf, kicke ihn in die Luft, lasse ihn vom rechten Oberschenkel abprallen, kicke ihn mit dem linken Fuß in die Höhe, lasse ihn vom linken Oberschenkel abprallen usw.

ÜBUNG 2: ANDERE KÖRPERTEILE MIT EINBEZIEHEN

- Du kannst, abgesehen von Händen und Armen, alle Körperteile mit einbeziehen.
- **Kopf:** Wenn du den Ball über deinen Kopf wirfst oder kickst, kannst du den Kopf weit in den Nacken legen und den Ball von der Stirn abprallen lassen. Auch hier empfiehlt es sich, in die Knie zu gehen, um einen sicheren Stand zu haben. Es ist auch möglich, den Ball vom Oberkopf abprallen zu lassen. Allerdings hast du dann weniger Kontrolle.
- **Schultern:** Wenn du den Ball auf Schulterhöhe hochkickst, kannst du ihn von der Schulter in Richtung des Fußes/Oberschenkels prallen lassen, mit dem du als Nächstes kicken möchtest.

Tipp: Benutze niemals den Oberarm, da das als Handspiel ausgelegt wird.

- **Brust:** Lehne dich weit zurück, sodass du den Ball von deiner Brust abfedern und zu einem anderen Körperteil lenken kannst.
- **Übung:** Beziehe in regelmäßiger Abfolge Füße, Oberschenkel, Brust, Schulter und Kopf mit ein, damit du dich an die Nutzung aller Körperteile gewöhnst. Wenn du dich in einer bestimmten Reihenfolge wohlfühlst, ändere sie, um mehrere Varianten kennenzulernen.

3.3 „STABI" UND CO.: KRAFT UND FITNESS

Athletik, Beweglichkeit und **Kraft** sind die Grundvoraussetzungen im Fußball, sozusagen das kleine Einmaleins. Viele Sportler haben in diesen Bereichen Defizite. Dabei ist es ganz einfach, dieses kleine Einmaleins zu beherrschen. Für das Eigentraining sind nicht einmal Hilfsmittel notwendig. Viele Übungen lassen sich mit dem Eigengewicht bewältigen. Steigerungen kann man mit zusätzlichen Gewichten erzielen.

Oberflächlich betrachtet ist Fußball eine Sportart, die hauptsächlich gut trainierte Beine erfordert. Das ist jedoch ein Irrtum. Für ein gutes Fußballspiel muss ein Sportler insgesamt über gute Grundlagen in Kraft, Athletik und Beweglichkeit verfügen. Daher können Spieler ab der U 15 bzw. U 16 zusätzlich im Fitnessstudio trainieren. Entscheidend ist dabei aber nicht das kalendarische Alter, sondern der biologische Entwicklungszustand. Das heißt, dass die erste puberale Phase des Spielers abgeschlossen sein sollte.

NICHT ÜBERTREIBEN

Es geht nicht darum, im Fitnessstudio so lange Gewichte zu stemmen, bis man so viel Muskelmasse zugelegt hat, dass Leichtigkeit und Beweglichkeit verloren gehen. Es geht darum, den gesamten Körper zu trainieren. Nicht nur in Phasen des Wachstums ist das von großer Bedeutung, sondern in Bezug auf Verletzungsprophylaxe ein Leben lang. Außerdem werden durch ein regelmäßiges, entwicklungsgemäßes Krafttraining die Bewegungen dynamischer, fließender und präziser.

Im Fokus stehen hierbei funktionale Übungen und Rumpfkräftigung mit oder ohne den Einsatz von Geräten. Dabei ist es allerdings sehr wichtig, immer wieder vom Trainer oder von den Eltern überprüfen zu lassen, ob man die Übungen korrekt ausführt. Bewegungsfehler dürfen sich auf keinen Fall einschleifen, zumal diese zu dauerhaften Haltungsschäden führen können. Daher ist bei jeder Übung enorme Konzentration gefordert.

Bereits beim Erstellen des Trainingsprogramms sollte man einen Fitnesstrainer mit einbeziehen, um einen fußballspezifischen Plan zu erstellen. Es ist dabei nicht ungewöhnlich, wenn sich dieser Plan von den Übungen und den Gewichten her von dem deiner Freunde, die keinen Fußball spielen, unterscheidet. Grundsätzlich empfiehlt es sich, während der Saison an trainingsfreien Tagen ins Fitnessstudio zu gehen. In der Sommer- oder Winterpause kann man das Pensum etwas erhöhen.

Tipp: Lege drei- bis fünfmal pro Woche (je älter du bist, desto mehr Einheiten sind sinnvoll) eine kleine Extraeinheit Stabilisationstraining ein und du wirst sehr bald feststellen, wie positiv sich das aufs Fußballtraining auswirkt.

ANREGUNG DURCH DAS SMARTPHONE

Beim Eigentraining das Smartphone einzubeziehen, wird immer beliebter. Inzwischen gibt es zahlreiche Apps, in denen Athletikprogramme angeboten werden. Sie sind schon allein deswegen empfehlenswert, weil sie zum Training animieren. Zum einen geben sie eine regelmäßige Info, wann es Zeit für die nächste Einheit ist, und fördern damit die Aktivität eines Sportlers. Zum anderen schaffen sie mit Zeitangaben und Countdowns einen Wettbewerbscharakter. Ein Fußballer sollte aber immer darauf achten, dass dieses zusätzliche Training in einer Belastungsverträglichkeit zu den anderen Aktivitäten steht.

LANGHANTELTRAINING

In der Amtszeit von Matthias Sammer als DFB-Sportdirektor (2006-2012) führte der DFB das Langhanteltraining für Nachwuchsspieler ein, welches eine enge Verbindung zu den sportartspezifischen Anforderungen an Fußballer hat. Für sie steht im Mittelpunkt des Krafttrainings die Verbesserung der Sprintleistung, der Sprungfähigkeit und der Ganzkörperstabilisation. Viele Profivereine sind diesem Beispiel gefolgt und haben das Langhanteltraining in ihren Akademien ebenfalls eingeführt. Allerdings wird in Fachkreisen durchaus kontrovers diskutiert, ob Krafttraining im Kinder- und Jugendbereich sinnvoll ist. Ungeachtet dessen lässt sich festhalten, dass ein solches Training immer unter fachkundiger Anleitung, z. B. eines Athletiktrainers, erfolgen muss. Es darf nicht komplett in Eigenregie mit der Langhantel trainiert werden.

SEILSPRINGEN

Kampfsportler, vor allem Boxer, haben Seilspringen (auch als Rope Skipping bekannt) als festen Bestandteil in ihr Training integriert – zum Aufwärmen oder als eigenständiger Bereich der jeweiligen Einheit. Und dafür gibt es einen guten Grund: Neben Ausdauer, Koordination und Beweglichkeit trainiert es in hohem Maße die Schnell- und Sprungkraft und eignet sich somit hervorragend als Trainingsergänzung für Fußballer.

Weitere Vorteile des Trainings mit dem Sprungseil:

- Verbesserung von Kraft und Stabilität in Sprung-, Knie- und Handgelenken;
- Verbesserung der Körperhaltung;
- Verletzungsprophylaxe für Füße und Sprunggelenke durch verbesserte Eigenwahrnehmung des Körpers bezüglich Gelenkstellung und Bewegungsgeschwindigkeit;
- Kraftzuwachs in Waden und Oberschenkeln;
- Verbesserung von Sprunghöhe, Antrittsschnelligkeit und Seitwärtsbewegungen;
- Stimulation des Gleichgewichtssystems;
- erhöhte Fettverbrennung;
- verbesserte Konzentration und Ausdauer.[47]

Ein großer Vorteil beim Seilspringen ist, dass es außer eines Seils und Turnschuhen keinerlei Ausrüstung bedarf. Springen kann man überall dort, wo ein fester Untergrund vorhanden ist.

Tipp: Bei einem guten Springseil sollten die Seilenden nicht in die Griffe integriert sein. Sie müssen sich eigenständig drehen können, sonst entstehen während des Springens Schlaufen und man bleibt hängen. Die Länge des Seils sollte an den Griffen individuell regulierbar sein. Zudem sollte man ein Draht- bzw. Stahlseil mit einer Nylonummantelung wählen, da sich nur dieses schnell und leicht schwingen lässt.

Bewegungsablauf: Das Seil berührt hinter den Füßen den Boden, die Oberarme liegen am Oberkörper, die Unterarme sind angewinkelt und das Seil wird ausschließlich aus den Handgelenken heraus geschwungen. Die Arme bewegen sich nur ganz leicht.

Gleichgültig, ob man mit beiden Beinen gleichzeitig springt, oder einen leichten Laufschritt bevorzugt, sollte man sich daran gewöhnen, mit den Füßen so flach wie möglich über dem Boden zu bleiben und auf Zwischensprünge zu verzichten.

Beherrscht man diese Formen des Seilspringens, kann man Skippings einbauen, anfersen, auf einem Bein springen, einen Fuß beim Springen vor dem anderen hin und her pendeln lassen, die Füße beim Aufkommen kreuzen usw.

Es sind unzählige Varianten denkbar. Zum Beispiel kann man auch die Arme kreuzen, oder sogenannte **Doppelsprünge** einbauen. Dabei springt man etwas höher und schwingt bei einem Sprung das Seil zweimal unter den Füßen durch. Diese Form des Springens ist in höchstem Maße fordernd.

DAS SAGT DER DOC: KREUZBANDREGISTER IM DEUTSCHEN FUSSBALL

Um schweren Verletzungen vorbeugen zu können, ist ein detailliertes Wissen über diese Verletzungen und deren Einflussfaktoren notwendig. Damit wir über die schweren Verletzungen im Fußball Informationen erhalten, ist das „Kreuzbandregister im Deutschen Fußball" vom FIFA Medical Centre, Regensburg gegründet worden. Seit der Saison 2014/15 werden nun deutschlandweit Kreuzbandverletzungen analysiert und deren Einflussfaktoren in einem Fragebogen an die Spieler abgefragt. Bereits in der ersten Saison konnten über 500 Kreuzbandverletzungen registriert werden. Es konnte gezeigt werden, dass mittlerweile die OP die etablierteste Methode zur Behandlung eines Kreuzbandrisses im Fußball ist und dass im Profifußball besonders viele Verletzungen entstehen.

Wichtige Einflussfaktoren auf das Auftreten von Kreuzbandverletzungen sind kleine Vorverletzungen oder Beschwerden an der Oberschenkelmuskulatur, am Rücken oder am Fuß, welche unzureichend auskuriert wurden. Ebenso ist ein kurzfristiger, deutlicher Anstieg der körperlichen Belastung auf einen Spieler, wie er beim Aufstieg einer Mannschaft oder beim Vereinswechsel in ein höherklassiges Team passieren kann, ein Einflussfaktor. Diese Situationen sollten besonders berücksichtigt werden. Hier sollte ein schrittweiser Belastungsaufbau für den Spieler stattfinden. Wenn sich am Kreuzband verletzte Spieler an der Studie beteiligen möchten, können sie dies über die Homepage www.fussballmedizin.com tun.

Dr. Werner Krutsch, FIFA Medical Centre Regensburg

ÜBUNGEN

1

ÜBUNG 1: LIEGESTÜTZ – AUSGANGSPOSITION

- Liegestützstellung.
- Die Hände sind schulterbreit auseinander.

ÜBUNG 1: LIEGESTÜTZ – AUSFÜHRUNG

- Die Körperspannung halten.
- Blick zum Boden.
- Die Arme beugen und den Brustkorb zum Boden senken.
- Die Ellbogen nach außen richten (zur Kräftigung des Trizeps: Ellbogen am Körper).

2

ÜBUNG 2: UNTERARMSTÜTZ – AUSGANGSPOSITION

- Seitstützstellung.
- Der Unterarm ist auf Schulterhöhe aufgestützt.
- Schultern, Hüfte und Füße bilden eine Linie.

ÜBUNG 2: UNTERARMSTÜTZ – AUSFÜHRUNG

- Oberes Bein heben und senken.
- Die Hüfte bleibt stabil in der Ausgangsposition.
- Das obere Bein bleibt während der Ausführung immer in Bewegung und darf nicht abgelegt werden.

ÜBUNG 3: WINKELLIEGESTÜTZ – AUSGANGSPOSITION

- Liegestützstellung.
- Spitzer Winkel im Hüftgelenk.
- Die Hände sind schulterbreit auseinander.
- Blick zum Boden.

ÜBUNG 3: WINKELLIEGESTÜTZ – AUSFÜHRUNG

- Durch Beugen der Arme wird der Oberkörper schräg nach vorne abgesenkt.
- Die Nase berührt dabei fast den Boden.

ÜBUNG 4: KRÄFTIGUNG BAUCH GERADE – AUSGANGSPOSITION

- Rückenlage.
- Die Hände sind hinter dem Kopf.
- Die Ellbogen zeigen nach außen.
- Blick zur Decke.
- Die Beine im 90°-Winkel aufsetzen.

ÜBUNG 4: KRÄFTIGUNG BAUCH GERADE – AUSFÜHRUNG

- Die Lendenwirbelsäule fest auf den Boden drücken.
- Kopf und Oberkörper anheben.
- Der Blick bleibt zur Decke gerichtet.

3

4

5

ÜBUNG 5: KRÄFTIGUNG BAUCH SCHRÄG – AUSGANGSPOSITION

- Rückenlage.
- Die Hände sind hinter dem Kopf.
- Die Ellbogen zeigen nach außen.
- Ein Bein anheben, Wade parallel zum Boden. Ein Bein strecken.
- Die Fußspitzen anziehen.

ÜBUNG 5: KRÄFTIGUNG BAUCH SCHRÄG – AUSFÜHRUNG

- Die Lendenwirbelsäule fest auf den Boden drücken.
- Kopf und Oberkörper anheben.
- Dabei die Beine abwechselnd strecken und anziehen. Den rechten Ellbogen zum linken Knie führen und umgekehrt.

6

ÜBUNG 6: KRÄFTIGUNG BAUCH VON UNTEN – AUSGANGSPOSITION

- Rückenlage.
- Die Arme neben dem Körper ablegen.
- Die Beine leicht angewinkelt in die Höhe strecken.
- Die Fußsohlen sind parallel zur Decke.

ÜBUNG 6: KRÄFTIGUNG BAUCH VON UNTEN – AUSFÜHRUNG

- Die Lendenwirbelsäule fest auf den Boden drücken.
- Die Beine Richtung Decke und leicht nach vorne schieben. Dabei die Lendenwirbelsäule bis zur unteren Brustwirbelsäule hochrollen.

ÜBUNG 7: KRÄFTIGUNG RÜCKEN I – AUSGANGSPOSITION

- Bauchlage.
- Die Zehenspitzen anziehen.
- Die Knie durchdrücken.
- Die Arme in U-Haltung anheben.
- Die Unterarme sind parallel zum Boden.

ÜBUNG 7: KRÄFTIGUNG RÜCKEN I – AUSFÜHRUNG

- Den Oberkörper anheben.
- Die Arme strecken und heranziehen.

7

ÜBUNG 8: KRÄFTIGUNG RÜCKEN II – AUSGANGSPOSITION

- Bauchlage.
- Die Arme und Beine sind gestreckt und leicht angehoben.

ÜBUNG 8: KRÄFTIGUNG RÜCKEN II – AUSFÜHRUNG

- Abwechselnd den rechten Arm und das linke Bein oder den linken Arm und das rechte Bein anheben und wieder absenken.
- Die Füße sind dabei gestreckt.

8

ÜBUNG 9: UNTERARMSTÜTZ – AUSGANGSPOSITION

- Unterarmstützposition.
- Die Ellbogen sind auf Schulterhöhe aufgestützt, die Handflächen auflegen.
- Schultern, Hüfte und Füße sind auf einer Linie.
- Blick zum Boden.

ÜBUNG 9: UNTERARMSTÜTZ – AUSFÜHRUNG

- Gestreckte Beine abwechselnd anheben und senken.
- Spannung im Körper halten.
- Die Fußspitzen anziehen.

ÜBUNG 10: AUSFALLSCHRITT – AUSGANGSPOSITION

- Aufrechter Stand.
- Die Hände hinter dem Kopf verschränken.
- Blick gerade nach vorne.

ÜBUNG 10: AUSFALLSCHRITT – AUSFÜHRUNG

- Ausfallschritt: Ein Bein nach vorne setzen und das Knie bis maximal 90° beugen.
- Das Knie darf dabei niemals über die Fußspitze geschoben werden.
- Der Blick bleibt gerade nach vorne.

9

10

ÜBUNG 11: SKIPPINGS – AUSGANGSPOSITION

- Aufrechter Stand.

ÜBUNG 11: SKIPPINGS – AUSFÜHRUNG

- Auf der Stelle laufen.
- Die Knie bis Hüfthöhe anheben.
- Die Körperspannung halten.
- Die Arme seitlich mitnehmen.

ÜBUNG 12: HOCKSTRECKSPRÜNGE – AUSGANGSPOSITION

- In die Hocke gehen.
- Die Beine dabei anwinkeln.
- Die Arme ebenfalls anwinkeln (Ausholbewegung).

ÜBUNG 12: HOCKSTRECKSPRÜNGE – AUSFÜHRUNG

- Sprung durch explosives Strecken der Beine (Beine bleiben gestreckt).
- Die Arme bis Kopfhöhe mitnehmen.
- Die Fußspitzen anziehen.

11

12

DEHNEN

Für die meisten Fußballtrainer ist **Dehnen** Teil der optimalen Trainings- und Wettkampfvorbereitung. Dabei kann auf zwei Arten gedehnt werden, die beide unterschiedliche Ziele verfolgen:

- **Wettkampfvorbereitung:** Vorbereitung des Muskels auf die anstehende Aktivität durch Haltezeiten, die nicht länger als fünf Sekunden dauern dürfen. Dadurch kann der Muskel gleich zu Beginn intensiver Belastungen die bestmögliche Leistung abrufen. Das Dehnen schließt in diesem Fall direkt an das allgemeine Aufwärmen an.
- **Regeneration:** Generelle Erhaltung und Verbesserung der Beweglichkeit durch Haltezeiten von 20-25 Sekunden. Da die Muskelfasern durch diese Art der Belastung langsamer werden, sollte diese Art des Dehnens erst nach der eigentlichen Trainingseinheit bzw. nach dem Spiel erfolgen.

Beweglichkeit ist im Fußball sehr wichtig. „Mangelt es an Beweglichkeit, so hat dies auch Einflüsse auf die Spielfähigkeit. Ein beweglicher Spieler ist in der Lage, einen ungünstigen Pass noch mit einem weiten Ausfallschritt anzunehmen. In diesem Fall erhöht dessen Beweglichkeit also die Handlungsfähigkeit auf dem Platz und verringert ebenfalls die Verletzungsgefahr. Ein unbeweglicher Spieler geht aus derartigen Situationen nicht selten mit einer Zerrung heraus."[48]

Für Kinder ist das Dehnen nicht relevant, für Jugendliche gewinnt es aber zunehmend an Bedeutung: „Mit dem Eintritt in die Pubertät ergibt sich insbesondere für Jungen eine stark veränderte Hormonlage. Hiervon profitieren die Kraftfähigkeiten deutlich und die Trainierbarkeit in diesem Bereich nimmt erheblich zu. Hiermit steigt nun allerdings auch die Verletzungsgefahr für die Muskulatur. Dementsprechend muss die Muskulatur nun auf intensive Aktivitäten vorbereitet werden. Ein gezieltes Aufwärmprogramm mit kurzen Dehnübungen zur Aktivierung gehört somit in der Altersklasse der C-Junioren zum Pflichtprogramm."[49]

Relevante Muskelgruppen für Fußballer sind:

- Wadenmuskulatur,
- vordere Oberschenkelmuskulatur,
- hintere Oberschenkelmuskulatur,
- Adduktoren (Innenseite der Oberschenkel),
- Hüftbeugemuskulatur sowie
- Armmuskulatur und Schultergürtel (bei Torhütern).

Ganz entscheidend ist es, ein eigenes Gefühl für das Dehnen zu entwickeln. Deswegen ist es wichtig, nicht wahllos verschiedene Körperhaltungen nachzuahmen. Am besten sollte man sich gerade zu Beginn unter Anleitung dehnen und dabei in besonderem Maße darauf achten, welche Muskulatur bei welcher Haltung wie stark gedehnt wird. Es sollte ein deutlicher Reiz, aber kein Schmerz, in der Muskulatur wahrgenommen werden. Lässt dieser Reiz langsam nach, kann man die Dehnposition erweitern und erneut halten. Möchte man die Dehnung verkürzter Strukturen erreichen, muss man die entsprechenden Partien regelmäßig (drei- bis fünfmal pro Woche) dehnen.

MICHAEL KÖLLNER EMPFIEHLT

- Im ersten Teil des Trainings können sich die Spieler, die immer wieder Probleme an derselben Stelle haben (z. B. am Oberschenkel) zur Verletzungsprophylaxe in diesem Bereich dehnen. Die anderen Spieler dehnen sich am Anfang nicht.
- Nach dem Training sollte man sich in Ruhe ausdehnen. Das bedeutet, dass man lange Haltezeiten wählt und sich zudem statisch dehnt. Man verharrt also in der Dehnposition und federt nicht nach.
- Ausdehnen kann man sich auch abends zu Hause, wenn man beispielsweise vor dem Fernseher entspannen möchte. Zehn bis 15 Minuten reichen hier als regenerative Phase völlig aus. Der Effekt ist, dass man sich am nächsten Tag viel wohler und beweglicher fühlt. Zusätzlich kann man Hartschaumrollen nutzen, um aktiv zu regenerieren. Hiermit lassen sich gezielt Muskelverhärtungen und Verklebungen im Bindegewebe (Fasziengewebe) lösen, während die Durchblutung angeregt wird, und auch dem Muskelkater wird Einhalt geboten. Nur wenige Minuten, die man für die Übungen mit der Hartschaumrolle investieren muss, haben eine spürbare Wirkung.

3.4 AUF DEM BOLZPLATZ – FUSSBALLSPIEL OHNE TRAINER

„Auf einem Sandplatz in San Cristobal de los Angeles (dem madrilenischen Viertel – d. R.) habe ich angefangen. Ich fühle mich wie ein Kind aus dem Viertel, egal, ob ich auf der Straße spiele, auf Rasen oder auf Sand, ob mit Zuschauern oder ohne: Es ist immer Fußball, und das ist seine Grandezza."[50]

Raúl Gonzáles Blanco, ehemaliger Spieler von Real Madrid und Schalke 04

Grundsätzlich lassen sich aus allen bisher vorgestellten Übungen kleine Wettkampfformen entwickeln, um sich mit Mitspielern zu messen. Im Folgenden soll es nun um **Bolzplatzspiele** gehen, wie sie bereits seit Jahrzehnten gespielt werden.

SPIEL AUF BOLZPLÄTZEN

Fast jeder Fußballer hat schon einmal mit seinen Freunden auf einem Bolzplatz gekickt. Für viele ist es das Ursprüngliche, der Inbegriff des Fußballs, bei dem sich alles um die reine Spielfreude dreht. Denn für Bolzplätze gibt es keine Standards für die Feld- oder Torgröße. Daher sind sie zumeist erheblich kleiner als genormte Fußballplätze und oft umzäunt, um den Ball stets auf dem Spielfeld zu halten. Der Bodenbelag ist ebenfalls nicht genormt. Er kann aus Granulat, Sand, Rasen, Kunstrasen, Teer, Tartan® oder Stein bestehen. Da es außerdem keine festen Regeln gibt, ist es möglich, von fast jeder Position auf dem Platz auf das gegnerische Tor zu schießen (bolzen), was dem Platz seinen Namen gab. Die Rahmenbedingungen werden von den anwesenden Spielern vereinbart, deren Anzahl natürlich stark variieren kann. Meist richten sie sich nach modifizierten Fußballregeln.

GOLDENE REGELN AUF DEM BOLZPLATZ

- Es gibt keinen Schiedsrichter.
- Das Spiel ist erst dann vorbei, wenn derjenige, der den Ball mitgebracht hat, keine Lust mehr hat, nach Hause muss, oder wenn alle müde sind.
- Wenn kein richtiges Tor vorhanden ist, sind die Pfosten aufeinandergelegte Jacken, Rucksäcke oder Wasserflaschen.
- Es fallen immer viele Tore, demnach gibt es sehr kuriose Ergebnisse.
- Es gibt keine Halbzeit. Pause ist dann, wenn viele Spieler Durst haben und trinken wollen.
- Derjenige, der den Ball über den Zaun, in einen Strauch o. Ä. geschossen hat, muss ihn zurückholen.
- Das letzte Tor entscheidet, wenn das Spiel schnellstmöglich beendet werden muss. Auch wenn es 20:0 für Mannschaft A steht, kann Mannschaft B mit diesem einen Treffer die Partie für sich entscheiden.
- Es kann vorkommen, dass Treffer, die durch einen Fallrückzieher oder einen Hackentrick erzielt wurden, doppelt zählen.
- Es gibt keine Rückpassregel, der Torwart darf den Ball mit der Hand aufnehmen, auch wenn der Ball vom eigenen Spieler kommt.
- Es gibt einen fliegenden Torwart, das heißt, dass der jeweils letzte Mann automatisch Torwart ist und den Ball im Strafraum mit der Hand berühren darf.

MANNSCHAFTEN WÄHLEN

Wenn so viele Spieler vor Ort sind, dass man Mannschaften wählen kann, sollte man darauf achten, dass die Teams in etwa gleich stark sind. Andernfalls kann schnell Frust aufkommen, wenn eine Mannschaft komplett unterlegen ist. Darüber hinaus gibt es folgende Wege der Teamzusammenstellung:

- **Tip-Top:** Zwei Spieler (Kapitäne) stehen sich in unbestimmtem Abstand gegenüber und bewegen sich aufeinander zu, indem sie immer wieder den einen Fuß unmittelbar vor die Fußspitze des anderen setzen. Sobald sie sich gegenüberstehen, muss einer von beiden dem anderen auf den Fuß treten und hat verloren. Der Sieger darf nun beginnen zu wählen. Es wird so lange abwechselnd gewählt, bis alle Spieler vergeben sind. Wenn viele Spieler mitspielen wollen, können auch mehrere Teams gebildet werden.
- **Jung gegen Alt:** Alle Spieler werden in zwei (oder mehrere) Teams aufgeteilt – nach ihrem Alter.

- **Einteilung nach Wohnort/Ortsteil/Straße:** Die Zugehörigkeit zu einer Mannschaft entscheidet der Wohnort, der Ortsteil oder die Straße, in der der Spieler wohnt.
- **Einteilung nach Geburtsmonat:** Es spielen einige Geburtsmonate in einem Team zusammen.

SPIELE

1:1 AUF ZWEI TORE

Jeder Spieler verteidigt ein Tor als Torhüter. Die Tore können zwischen 15 und 25 m voneinander entfernt sein. Es muss eine Mittellinie markiert werden. Treffer können nur aus der eigenen Hälfte erzielt werden. Tore, die erzielt werden, ohne dass der Ball vorher mit den Händen gefangen bzw. abgewehrt wurde, zählen doppelt.

Hinweis: Liegen die Tore weiter auseinander, wird die Schusstechnik des Spannstoßes vermehrt zum Einsatz kommen. Sind die Tore näher beieinander, kommen eher Techniken mit der Innen- bzw. Außenseite zur Geltung. Darüber hinaus hat die Größe der Tore für die Wahl der Schusstechnik in Abhängigkeit von der Torentfernung eine Bedeutung. Auch die Technik des Chipballs (Hebers) kann bei einem schnellen Gegenangriff gegen einen aufgerückten Torhüter genutzt werden.

1:1 AUF EIN TOR MIT TORWART

Ein Spieler geht ins Tor und ist Torhüter. Im Feld spielen zwei Spieler gegeneinander. Spieleröffnung ist immer der Abwurf des Torhüters, der mit dem Rücken zum Spielfeld den Ball über seinen Kopf nach hinten in das Feld wirft. Es wird vorher festgelegt, wann das Spiel gewonnen ist (z. B. nach drei erzielten Toren). Anschließend Wechsel des Torhüters.

Hinweis: Es gibt keinen Eckball. Die Eckbälle werden aber trotzdem gezählt. Drei Ecken ergeben einen Elfer.

Erklärung: Es müssen mindestens drei Bolzer antreten. Innerhalb von drei Minuten beweisen die Kicker ihr Können im 1:1-Verhalten. Das Spiel wird nur auf ein Tor ausgetragen, wobei sich immer ein Torhüter finden muss, dessen Aufgabe darin besteht, Bälle neutral zu halten.

Turnier: Diese 1:1-Spiele können bei mehr als drei Teilnehmern natürlich auch in Turnierform ausgetragen werden. Ein Kicker, der gerade nicht im Einsatz ist, oder der Torhüter, ist der Schiedsrichter. Dieser gibt das Spiel frei und lässt die Stoppuhr laufen. Der Torhüter beginnt das Spiel mit einem Abwurf, worauf beide Kontrahenten eine Chance haben müssen, den Ball zu bekommen, bevor der jeweils andere ihn im Tor versenkt. Es gilt, mit allen fairen Mitteln darum zu kämpfen, Tore zu schießen, um das Spiel zu gewinnen.

Das Turnier endet, sobald alle Spieler gleich oft gegeneinander gespielt haben. Für einen Sieg gibt es drei Punkte, für ein Unentschieden einen Punkt und für eine Niederlage keinen Punkt.

Variation: Das Spiel kann natürlich auch in 2:2, 3:3 usw. gespielt werden.

WELTMEISTER

(einer gegen alle im K.-o.-Modus)

Für dieses Spiel benötigt man mindestens drei Spieler. Ihr braucht darüber hinaus ein Tor und einen Ball. Vor Spielbeginn wird ein Torhüter bestimmt, der während des gesamten Spiels im Tor steht. Sinn des Spiels ist es, dass der ballführende Spieler den Ball ins Tor befördert. Die Schwierigkeit liegt darin, dass er keine Mitspieler hat. Das bedeutet, dass er letztendlich gegen alle anderen ohne Ball spielt. Der Spieler, der ein Tor geschossen hat, kommt eine Runde weiter und erhält eine Spielpause. Alle Spieler, die ein Tor in einer Runde erzielt haben, sind automatisch eine Runde weiter.

Der Spieler, der kein Tor schießt, scheidet aus dem Spiel aus. Im nächsten Spiel ist derjenige Torhüter, der im Spiel vorher in der ersten Runde ausgeschieden ist. Variationen sind natürlich möglich.

1:1 AUF KLEINE TORE

Es werden Tore definiert. Das können feste Ziele wie eine Mülltonne sein oder kleine Tore, die mit Schuhen usw. markiert werden. Es wird 1:1 gespielt.

SPIEL AUF ZWEI TORE

Es werden zwei Teams eingeteilt, die gegeneinander auf zwei Tore spielen. Ein Team verteidigt ein Tor und greift auf das andere an. Als Torwart fungiert jeweils der letzte Spieler, also derjenige, der dem eigenen Tor am nächsten ist. Dieser darf den Ball auch mit den Händen berühren.

HOCHBALL

(Ballhochhalten in der Gruppe mit Torabschluss)

Für den Hochball benötigt man mindestens drei Spieler. Zunächst wird unter den Teilnehmern eine Anzahl an Punkten festgelegt, die jeder Spieler sein Eigen nennen darf. Ziel ist es nun, diese Punkte zu verteidigen.

Als Nächstes bestimmen die Kicker, wer als Torhüter beginnt und wer im Feld spielt. Der Torwart bekommt aufgrund seiner schwierigeren Ausgangsposition einen Punkt mehr auf sein Konto, da man seine Punkte nur verlieren kann, wenn man im Tor steht und einen Treffer kassiert.

Daraus ergibt sich auch schon die Aufgabe für die Kicker im Feld. Ihr Ziel ist es, Tore zu schießen. Wichtig ist hierbei, dass man eine Mindestentfernung vom Tor festlegt, sodass man nicht direkt vor dem Keeper zum Schuss kommt. Das klingt jedoch einfacher, als es ist. Denn Tore können nur volley erzielt werden, nachdem der Ball von einem anderen Spieler aufgelegt wurde, ohne dass er zwischendurch den Boden berührt hat. Sich den Ball selbst vorzulegen, ist verboten. Hält der Torhüter den Ball, muss derjenige, der die Kugel zuletzt berührt hat, ins Tor. Dasselbe gilt auch, wenn der Ball das Spielfeld verlässt. Wird jedoch der Pfosten oder die Latte berührt, geht das Spiel weiter, vorausgesetzt, der Torhüter kommt nicht in Ballbesitz.

Variationen:

- Eine bestimmte Anzahl an Ballkontakten der jeweiligen Spieler wird festgelegt, bevor geschossen werden darf.
- Der Ball darf beim Torschuss nicht vor der Torlinie aufticken. Ansonsten zählt der Schuss nicht und der Schütze muss ins Tor.

FELDERWECHSEL

In der Mitte eines festgelegten Spielfelds wird ein Tor markiert. Jede Mannschaft muss nun versuchen, aus einer Richtung in das Tor zu schießen. Die beiden Torhüter stehen sozusagen Rücken an Rücken. Durch das Tor darf nicht gelaufen werden. Auch hier kann man einen Mindestabstand festlegen, aus dem geschossen werden darf.

LATTENSCHIESSEN ODER LATTENWERFEN

Dieses Spiel ist eine gute Variante, um einen Torhüter für andere Spiele zu finden. Denn beim Lattenschießen/Lattenwerfen kann es nur einen Verlierer geben und dieser muss dann beim jeweiligen Spiel ins Tor.

Zur Vorbereitung muss vor einem Tor eine Linie festgelegt werden, hinter die sich die Kicker stellen müssen. Die Spieler werfen/schießen nacheinander auf die Latte. Mit einem Lattentreffer gehört man zu den Gewinnern. Wenn alle Teilnehmer einer Runde die Latte treffen, muss diese Runde wiederholt werden. Sobald der Kicker gefunden ist, der die Latte als Letztes noch nicht getroffen hat, endet dieses Spiel.

ELFERKÖNIG

Bei diesem Wettbewerb werden abwechselnd Elfmeter geschossen. Dabei wird pro verwandeltem Elfmeter dem im Tor befindlichen Spieler ein Leben abgezogen. Hält der Torwart oder schießt der Schütze neben das Tor, muss dieser dann ins Tor. Eine Besonderheit ist der Lattenschuss. Hier gilt in der Regel der Satz „Latte rettet" und der Schütze darf den Elfmeter wiederholen. Gewinner ist derjenige, der am Ende des Spiels als Einziger noch Leben hat.

Lebens-führung

4

4 Lebensführung

„Ich mache jede Woche mein Zusatzprogramm, ich mache Yoga, achte auf meine Ernährung. Das ist mir schon wichtig, dass die Leute das wissen: Was ich habe, ist nicht einfach von Gott gegeben. Ich tue auch viel dafür!“[51]

Mario Götze, Borussia Dortmund

4.1 DIE ARBEITSGERÄTE IN SCHUSS HALTEN: MEDIZINISCHE CHECKS

Was für Handwerker gilt, das gilt auch für Fußballer: Das Arbeitsgerät muss funktionstüchtig sein. Im Fußball sind das nicht nur Schuhe und Ausrüstung, sondern auch der Körper. Dieser muss gesundheitlich in der Lage sein, Höchstleistungen zu erbringen.

Zum Arzt geht man in der Regel, wenn man Beschwerden hat. Als Sportler ist das anders. Hier zieht man schon im Vorhinein einen Experten zurate, um bestimmte Risikofaktoren auszuschließen und um zu wissen, dass die körperlichen Bedingungen für starke sportliche Belastung und für das Erbringen von Höchstleistungen gegeben sind.

Leistungssportler sollten gesunde Organsysteme haben (Hirn-Nerven-Muskeln, Herz-Lunge, Magen-Darm-Trakt, Stoffwechsel). Aber auch ihr Bewegungsapparat sollten den hohen Anforderungen des intensiven Sports gewachsen sein. Neben der Abklärung internistischer Krankheitsbilder werden auch funktionale und orthopädische Untersuchungen dringend empfohlen. Daher ist in Nachwuchsleistungszentren von Bundesligisten eine sportärztliche Untersuchung seitens der DFL (Deutsche Fußball Liga) einmal pro Jahr obligatorisch. Wenn man nicht in einem NLZ ist, ist Eigeninitiative gefragt.

ARZTWAHL

Zu welchem Arzt geht man am besten? Um eine sportgerechte Betreuung zu erhalten, sollte der Arzt idealerweise bereits mit Sportlern aus dem Leistungsbereich zu tun haben. Dies wird sich in seiner Erfahrung niederschlagen, aber auch in seinem Bestreben, einen Spieler möglichst schnell wieder zu mobilisieren, wenn dieser verletzt oder krank ist.

Im schlimmsten Fall kann es sein, dass ein Arzt vom Ausüben einer bestimmten Sportart abrät, weil das gesundheitliche Risiko einfach zu groß ist. Selbst das muss jedoch nicht das endgültige Aus für den Sport bedeuten – Gerald Asamoah hat es trotz eines Herzfehlers zum Profifußballer gebracht. Aber er konnte erst durch die Diagnose die nötigen Schritte einleiten, um seinen Lieblingssport ausüben zu können. Also keine Angst: In den meisten Fällen werden kleine Einschränkungen festgestellt, die man relativ einfach beheben kann. Der Effekt ist jedoch ein großer und das Fußballspiel fällt unterm Strich viel leichter.

Um Spielern bei der Arztwahl zu helfen, erkennt die FIFA auf der ganzen Welt etablierte Zentren an, die ihre führende Stellung im Bereich der Fußballmedizin bewiesen haben: sogenannte *Exzellenzzentren* (FIFA Medical Centres of Excellence). Alle Zentren müssen ein strenges Auswahlverfahren durchlaufen. Die Anerkennung wird für einen Zeitraum von fünf Jahren gewährt, in denen alle Zentren jährliche Berichte über ihre Aktivitäten vorlegen.[52] In Deutschland befinden sich die entsprechenden Einrichtungen in Regensburg, Saarbrücken und München. Benötigt man einen kompetenten Ansprechpartner in Gesundheitsfragen und wird in seinem unmittelbaren Umfeld nicht fündig, gibt es hier eine seriöse Anlaufstelle. Im Internet sind die Adressen unter folgendem Link abrufbar:

» http://de.fifa.com/development/medical/about-us/fifa-medical-centres-of-excellence/index.html

CHECK BEIM KARDIOLOGEN

Folgendes Angebot macht das FIFA Medical Centre in Regensburg:
„Herz-Kreislauf-Erkrankungen stehen bei Sportlern an erster Stelle für bedrohliche Ereignisse. Daher wird für Spieler ab der U 12 die Teilnahme an dem Gesundheitsprojekt ‚Fußball und Herz – Prävention akuter kardialer Ereignisse' dringend empfohlen.

Dieses Projekt umfasst neben einer ausführlichen Anamnese auch eine sorgfältige klinische Untersuchung (inklusive Blutdruck- und Sauerstoffsättigungsmessung), ein 12-Kanal-EKG und eine Ultraschalluntersuchung des Herzens! Die Ergebnisse dieser Untersuchung unterliegen selbstverständlich ebenso der ärztlichen Schweigepflicht!

Die Eltern werden zeitnah mit einem Kurzarztbrief über die Ergebnisse informiert. Sollten weiterführende Untersuchungen notwendig sein, so werden die Sorgeberechtigten persönlich zeitnah informiert.

Für die überwiegende Anzahl der Spieler wird es aber erfreulicherweise keine Einschränkung ihrer Belastbarkeit geben. Das Wissen um die Gesundheit des eigenen Herz-Kreislauf-Systems stärkt den Sportler, entlastet Eltern und Trainer."[53]

Solche Untersuchungen lassen sich in der Regel aber auch bei einem Kardiologen vor Ort durchführen. Dabei sollte darauf geachtet werden, dass bei Minderjährigen ein Kinderkardiologe zurate gezogen wird, der eine spezielle Ausbildung genossen hat.

INTERVIEW
GERALD ASAMOAH: GESUNDHEIT IST DAS WICHTIGSTE IM LEBEN

Gerald Asamoahs Karriere ist auf vielfältigen Ebenen einzigartig. Der ehemalige Hannoveraner und langjährige Schalker stand 2002 als erster dunkelhäutiger DFB-Nationalspieler und S04-Profi in einem WM-Finale, gewann Pokale, war jahrelang Lizenzspieler. Man vergisst dabei manchmal, dass dieser Weg kein geradliniger, kein selbstverständlicher war. Denn eine Herzkrankheit stellte seine Zukunft als Leistungssportler existenziell infrage. Doch Asamoah steckte nicht auf, sondern begann einmal mehr, für seinen Traum zu kämpfen.

Herr Asamoah, Sie sind der einzige Bundesligaspieler mit einem Herzfehler. Wie wurde das damals diagnostiziert?
Als ich 19 Jahre alt war, habe ich nach einem Spiel für Hannover 96 gegen den FC St. Pauli plötzlich Schweißausbrüche bekommen. Nach einem Schluck Wasser und etwas Süßem ging es mir wieder besser. Unser Mannschaftsarzt meinte jedoch, dass es besser

wäre, mich zur Sicherheit in den darauf folgenden Tagen einmal gründlich durchzuchecken. Diese Untersuchung hat mein Leben verändert, denn bei einem EKG wurde ein Herzfehler diagnostiziert.

Warum ist die Herzerkrankung vorher niemals aufgefallen?
Es handelt sich dabei um einen Geburtsfehler, eine verdickte Herzwand. Bis zu diesem Tag hatte ich nie Beschwerden, die eine umfassende Untersuchung notwendig gemacht hätten.

Was ist Ihnen durch den Kopf gegangen, als Sie mit der Diagnose konfrontiert wurden?
Für mich ist zunächst die Welt untergegangen. Von allen Seiten hörte ich, dass an Leistungssport nun nicht mehr zu denken sei. Ich hatte bis dahin alles auf die Karte Fußball gesetzt und nun sollte mein Traum vorbei sein? Damit wollte ich mich nicht abfinden.

Wie kam es, dass Ihre Karriere dennoch weitergehen konnte?
Ich bin damals von Arzt zu Arzt gereist, bis ich in den USA einen Spezialisten fand, der mir sagte, ich könne weiterspielen. Das Risiko von Herzrhythmusstörungen oder gar eines Herzstillstandes stufte er mit unter 1 Prozent ein. Fortan spielte ich auf eigenes Risiko. Die Einnahme von Medikamenten oder die Auflage des DFB, dass bei jedem Spiel von mir ein Defibrillator am Spielfeldrand stehen sollte, haben mich dabei in keiner Weise beeinträchtigt.

Welche Schlüsse sollten andere Sportler aus Ihrem Beispiel ziehen?
Jeder kann im Leben etwas bewegen. Auch wenn er einen Herzfehler hat oder unter einer Krankheit leidet. Mir haben damals so viele Ärzte von einer Fußballerkarriere abgeraten, aber ich habe nicht aufgehört, daran zu glauben, dass ich weiterspielen kann. Letztendlich habe ich es sogar bis zum Nationalspieler gebracht. Ich hoffe, dass dieses Beispiel vielen Menschen Mut macht.

Welche Ratschläge in Hinblick auf medizinische Prävention geben Sie Ihren Spielern, den Jungs aus der Schalker Jugend?
Die Spieler, und damit meine ich nicht nur die des FC Schalke 04, sollen so viele Vorsorgeuntersuchungen in Anspruch nehmen, wie sie können. Denn Gesundheit ist das Wichtigste im Leben, und es ist immer gut, zu wissen, woran man ist. In den meisten Fällen sind solche Arztbesuche ja reine Routine. Wird allerdings doch eine gesundheitliche Beeinträchtigung diagnostiziert, kann man sie therapieren – je eher, desto besser. Im Endeffekt sind die Sportler dadurch langfristig viel leistungsfähiger.

LEISTUNGSSPORT MIT HALBER SEHKRAFT

Der polnische Handballprofi Karol Bielecki stand von 2007 bis 2012 beim Erstligisten Rhein-Neckar-Löwen unter Vertrag. Als Stammspieler in der polnischen Nationalmannschaft verletzte er sich in einem Test-Länderspiel im Juni 2010 am linken Augenlid sowie am Augapfel. Die Sehkraft konnte nicht gerettet werden, Bielecki dachte, seine Karriere sei vorüber. Doch nur sechs Wochen später stand er wieder auf dem Feld. „Denn Bielecki merkte in den zurückliegenden Wochen eines: Nicht sein linkes Auge ist verantwortlich für die extrem harten Würfe, sondern sein gesamter Körper. ‚Die Präzision und Kraft seiner Würfe hat kein bisschen nachgelassen. Im Gegenteil: Ich habe das Gefühl, dass er noch genauer wirft, weil er sich noch mehr konzentriert', sagt Henning Fritz, ehemaliger Nationaltorwart und Mitspieler Bieleckis bei den Rhein-Neckar-Löwen. Es ist das Wort, das Bielecki in den Wochen nach dem Unfall durchweg begleitete: Konzentration. ‚Wenn sich das Sehfeld verkleinert, ist es notwendig, noch stärker zu fokussieren, gedanklich mögliche Abläufe schon vor deren Eintreten zu durchlaufen', sagt Bieleckis Heidelberger Augenarzt Thomas Katlun."[54]

Ein ähnliches Beispiel liefert der ehemalige Schalker und Gladbacher Wilfried Hannes:

„**Frage:** Wegen eines Tumors wurde Ihnen schon in früher Kindheit ein Auge entfernt. Hat Sie Ihr Glasauge beim Fußballspielen in irgendeiner Weise beeinträchtigt?

Hannes: Die Frage zu beantworten ist müßig, denn ich hatte ja eine sehr erfolgreiche Zeit als Fußballer und kenne es außerdem gar nicht anders, ich bin damit aufgewachsen. Aber was wäre denn eigentlich mit zwei Augen möglich gewesen? Ich denke, das Beste aus meiner Situation gemacht zu haben. Das Einzige, was öfters Probleme gemacht hat, war die Einschätzung von Distanzen. Aber gerade beim Kopfballspiel war ich sehr gefährlich und habe so meine meisten Tore erzielt."[55]

VORSORGEUNTERSUCHUNGEN FÜR TEENAGER: J1 UND J2

J1: Diese vorletzte, sehr wichtige Vorsorgeuntersuchung beim Kinder- und Jugendarzt sollte zwischen zwölf und 14 Jahren (vom zwölften Geburtstag bis zum vollendeten 15. Lebensjahr) stattfinden. Es ist ein Check der körperlichen und seelischen Gesundheit, der komplett von den Krankenkassen übernommen wird.

Im Rahmen dieser Vorsorge werden Größe, Gewicht und der Impfstatus sowie Blut und Harn überprüft. Bei der körperlichen Untersuchung klärt der Arzt die pubertären Entwicklungsstadien sowie den Zustand der Organe, des Skelettsystems und der Sinnesfunktionen ab. Fehlhaltungen aufgrund von Wachstumsschüben sowie chronische Krankheiten können bei der J1 frühzeitig erkannt und entsprechend behandelt werden. Auch auf eventuelle Hautprobleme und Essstörungen, wie Magersucht oder Übergewicht, wird eingegangen.

Der Kinder- und Jugendarzt kennt die Patienten von klein auf – er ist jetzt nicht mehr der Kinderarzt, sondern der Jugendarzt und fungiert als Vertrauensperson. Fragen über Sexualität und Verhütung, Drogenmissbrauch und Rauchen sowie Probleme mit der Familie und dem sozialen Umfeld können im Rahmen der J1 besprochen und geklärt werden.[56]

J2: Diese Vorsorgeuntersuchung soll Jugendlichen auch nach der J1 eine Möglichkeit zum Gesundheits-Check-up bieten. Wenn Erwachsene mindestens alle zwei Jahre ihre Gesundheit kontrollieren sollten, so gilt dies auch für Jugendliche bis zur Volljährigkeit. In dieser Phase werden oft wichtige Entscheidungen getroffen, wie z. B. für die spätere Berufswahl. Dabei kann auch die Gesundheit eine Rolle spielen. So sind für Allergiker einige Berufe nicht geeignet.

Zu den Schwerpunkten der J2 gehört das Erkennen bzw. die Behandlung von Pubertäts- und Sexualitätsstörungen, von Haltungsstörungen, Kropfbildung bis hin zur Diabetesvorsorge. Der Jugendarzt berät den Jugendlichen bei Fragen des Verhaltens, der Sozialisation, der Familie und der Sexualität sowie der Berufswahl. Der Jugendliche kann im Rahmen der Vorsorge (auch alleine, ohne Eltern) ein vertrauensvolles Gespräch mit seinem Jugendarzt führen.

Diese zusätzliche Vorsorgeuntersuchung wird nicht von allen Krankenkassen erstattet.[57]

CHECK BEIM PHYSIOTHERAPEUTEN ODER ORTHOPÄDEN

Beim Physiotherapeuten oder Orthopäden kann man einen ersten Check-up durchführen lassen. Hier werden u. a. folgende Faktoren untersucht:

- Körperhaltung,
- Beckenschiefstand,
- Ausprägung von Muskelbalancen,
- Wirbelsäule (Skoliose),
- Fußfehlstellungen sowie
- Körperachsen (Symmetrie).

CHECK BEIM AUGENARZT

Was im Ski- und Tischtennissport schon lange „normal" ist, bedeutet im Fußball noch weitgehend Neuland: eine Untersuchung beim Augenarzt. Felix Magath hat mit dem FC Schalke 04 darauf gesetzt und im März 2010 ein augenärztliches Leistungsprofil jedes seiner Spieler erstellen lassen. Generell lohnt sich eine solche Untersuchung beim Augenarzt immer.

FAKTOREN, DIE UNTERSUCHT WERDEN

- **Sehkraft:** Sieht der Spieler alle Dinge scharf?
- **Farbensehen:** Ist der Spieler möglicherweise farbenblind?
- **Blickfeld:** Wie groß ist das Blickfeld des Spielers? Kann er z. B. das Herannahen von Gegenspielern auch aus den Augenwinkeln gut erfassen (peripheres Sehen)?
- **Dynamisches Sehen:** Wie sieht der Spieler Dinge, die sich bewegen? Dies ist wichtig zum Einschätzen der Flugbahn, z. B. eines Diagonalballs.
- **Dominantes Auge:** Häufig sieht man mit einem Auge besser als mit dem anderen. Die Aufgaben des schwächeren Auges werden vom dominanten Auge übernommen. Auch das gilt es zu ermitteln.

Bei Torhütern wird im Training manchmal das stärkere Auge zugeklebt, damit das schwächere Auge auf diese Weise mehr trainiert wird.

CHECK BEIM ZAHNARZT

Eine regelmäßige Kontrolle der Zähne ist absolut sinnvoll und sollte unbedingt durchgeführt werden. Darüber hinaus sollten Spieler, die häufiger Muskelverletzungen oder Verspannungen haben, ein Orthopantomogramm (OPG), also eine Schichtaufnahme des

Kiefers, machen lassen. So lassen sich mögliche Entzündungsherde an der Zahnwurzel lokalisieren, die im schlimmsten Fall Muskelverletzungen nach sich ziehen könnten.

HYGIENE

Hygiene ist das A und O im Sport. Über unsaubere Sportkleidung, offene Wunden und direkten Körperkontakt können sich vor allem junge Sportler leicht mit Krankheitserregern infizieren. Deswegen sind folgende Regeln wichtig:

- Über vorgeschädigte Haut können Keime leicht in den Körper eindringen. Offene Wunden müssen daher beim Sport abgedeckt sein und sauber gehalten werden.
- Nach dem Training ist Duschen mit warmem Wasser und Seife Pflicht.
- Sportkleidung und Handtücher gehören nach jedem Training in die Wäsche.
- Handtücher sollten nicht mit anderen Spielern geteilt werden.

FUSSPFLEGE

Fußball belastet die Füße durch Laufintensität und anspruchsvolle Bewegungen. Jeder Sportler achtet daher auf eine gute Wahl der Schuhe. Aber längst nicht jeder weiß, dass sportlich beanspruchte Füße auch eine spezielle Pflege brauchen. Daher ist es sinnvoll, regelmäßig zur Fußpflege zu gehen.

Hornhaut: Wer seine Füße ständig überfordert oder einseitig belastet, hat nicht selten mit übermäßiger Hornhautbildung zu kämpfen. Es können sich Schwielen und Druckgeschwüre bilden. Um die Fußhaut geschmeidig zu halten, sollten Sportler ihre Füße regelmäßig mit Fußcreme massieren.

Fußpilz: Selbst in guten Sportschuhen kommen Füße oft ins Schwitzen. Die Haut wird weich, die körpereigene Abwehr gerät aus dem Gleichgewicht. Der Fußpilz fühlt sich in diesem feucht-warmen Milieu pudelwohl. Seine Sporen lauern in benutzten Handtüchern, Duschen und Umkleidekabinen. Daher ist Hygiene wichtig. Beim Duschen sollten Badeschlappen getragen und die Füße anschließend gut abgetrocknet werden.

Nägel kürzen: Absolut tabu sollte es sein, die Ecken der Fußnägel abzuschneiden oder rund zu feilen, denn sie verleihen Stabilität und verhindern seitliches Einwachsen. Eingewachsene Nägel führen zu langen Ausfällen. Vorbeugend empfiehlt es sich, die Nägel mit einem Nagelschutzstift zu pflegen, der einen Antipilzwirkstoff enthält.

Tipp: Überflüssige Verletzungen stehen einer optimalen Entwicklung im Wege. Durch regelmäßige vorbeugende Besuche beim Podologen lassen sich längere Ausfälle vermeiden!

DAS SAGT DER DOC:

Das „Kreuzbandregister im Deutschen Fußball" zeigt, dass kleine Verletzungen oder Beschwerden an den Zehen und am Fuß, wie eingewachsene Zehennägel, Fußblasen, Fußpilzrhagaden oder Ähnliches, ein Einflussfaktor für schwere Verletzungen am Kniegelenk sind.

Dr. Werner Krutsch, FIFA Medical Centre, Regensburg

BLUTUNTERSUCHUNG

Fester Bestandteil der DFL-Untersuchungen ist auch eine Untersuchung der Blutwerte, die man bei seinem Hausarzt, einem Internisten oder bei der sportmedizinischen Abteilung einer Uniklinik ebenso anfertigen lassen kann, wenn man nicht in einem Nachwuchsleistungszentrum spielt. Die Kosten hierfür variieren etwas, daher sollte man sie im Vorhinein erfragen.

Anhand der Blutwerte werden folgende Bereiche auf den Prüfstand gestellt:

- Blutbild,
- Stoffwechselparameter,
- Entzündungswerte,
- Muskelbelastungswerte,
- Organparameter: z. B. Leber, Niere, Schilddrüse,
- ggf. Mikronährstoffe, Elektrolyte und Vitamine.

Da die reinen Laborwerte für einen Laien keinerlei Aussagekraft besitzen, ist es wichtig, dass der jeweilige Arzt sie analysiert und vor allem für den Sportler interpretiert. Auch dies sollte vor der Blutentnahme besprochen werden, um sicherzustellen, dass der Arzt mit allen relevanten Faktoren vertraut ist. Gibt es schließlich in einem dieser Bereiche Auffälligkeiten bzw. Defizite, muss möglichst unter Anleitung des Fachmanns gehandelt werden. Wichtige Faktoren, die hier zum Tragen kommen können, sind die Ernährung, der Säure-Basen-Haushalt und der Lebenswandel eines Spielers. Hier ist ein hohes Maß an Eigenverantwortung gefordert.

MEDIZINISCHER CHECK-UP: SO EINFACH KANN GEHOLFEN WERDEN

Augen:
Sehkraft, Farbensehen, Blickfeld, dynamisches Sehen → gezieltes Training, Kontaktlinsen.

Muskelbalancen:
Dysbalancen → gezieltes Training bestimmter Muskelgruppen.

Füße:
Senk-, Spreiz-, Knick- oder Hohlfuß → Tragen von Einlagen, Kräftigung der Fußmuskulatur.

Beckenschiefstand:
Ein Bein ist länger als das andere → Schuherhöhung, um die Wirbelsäule zu entlasten.

Körperachse:
Im Rahmen einer Laufanalyse werden die wichtigen Körperachsen bestimmt und Tipps zu Bewegungsabläufen gegeben.

VERLETZUNGEN BRAUCHEN ZEIT

Hat sich ein Spieler verletzt, sind Ärzte die erste Anlaufstelle. Denn nur auf Grundlage einer fundierten Diagnose lässt sich etwas über den Heilungsverlauf und weitere Maßnahmen sagen. Darüber hinaus können Physiotherapeuten wertvolle Tipps geben, wie man möglichst schnell wieder fit wird. Wichtig ist, auf die Ratschläge der Fachleute zu hören. Denn die meisten Rückfälle geschehen, weil ein Spieler zu früh wieder in den Trainingsbetrieb eingestiegen ist. Das darf jedoch nur Schritt für Schritt geschehen, um den Körper nach der Pause langsam wieder an die Belastung zu gewöhnen.

Das bedeutet, dass man zumeist erst ein Stabilisationstraining absolviert und danach zu joggen beginnt, bevor man wieder unter Zeit- und Gegnerdruck am Ball sein kann. Dabei gilt es, stets in seinen Körper hineinzuhören. Schmerz ist immer ein Warnsignal, auf das man hören sollte. Auch in den ersten fußballerischen Einheiten ist dies das oberste Gebot. Um eine Überbelastung zu vermeiden, ist es sinnvoll, zunächst nur die Hälfte oder zwei Drittel der Einheit mitzumachen und sich auch hier im Laufe der Trainingswoche zu steigern.

Damit eine Verletzung als solche behandelt werden kann, ist es wichtig, mitzuteilen, wenn man Schmerzen hat. Viele junge Fußballer neigen dazu, Schmerzen zu verheimlichen oder zu bagatellisieren. Sie haben Angst davor, eine Pause einzulegen, weil sie sonst den Stammplatz oder die Übernahme in die nächsthöhere Mannschaft in Gefahr sehen. Doch man sollte nie vergessen, dass Verletzungen immer schlimmer werden, wenn sie nicht fachmännisch behandelt werden. Dadurch riskiert man eine deutlich längere Pause und im allerschlimmsten Fall sogar ein vorzeitiges Karriereende. Deswegen sollte man immer ehrlich zu sich selbst sein und auf die Signale des Körpers hören.

Das Gleiche gilt übrigens auch bei Infektionen. Bei Schnupfen und leichten Erkältungen ist nur ein leichtes Training möglich, um die ohnehin abgeschwächten Immunkräfte nicht noch mehr zu belasten. Bei Fieber und Husten jedoch darf nicht trainiert werden. Es besteht die Gefahr einer Herzmuskelentzündung, die zu einer mehrmonatigen Pause, im schlimmsten Fall sogar zum Tod, führen kann.

Tipp: Um Verletzungen generell zu vermeiden, ist es wichtig, möglichst wenig Stress zu verspüren. Stressfaktoren sind zum Beispiel negativer Druck, den man sich selbst macht, ebenso wie zu großer Druck vom Trainer oder aus dem Elternhaus, schlechte Stimmung in einem selbst oder in der Mannschaft, negative Energie im unmittelbaren Umfeld (nicht nur auf den Sport bezogen). Solche Einflüsse gilt es, zu meiden.

DAS SAGT DER DOC:

Studien zeigen, dass Juniorenspieler mit schweren Verletzungen vor dem 18. Lebensjahr es deutlich schwerer haben und auch seltener Profifußballer werden, als gesunde Spieler. Insbesondere, wenn eine erneute schwere Verletzung nach schlecht auskurierter erster Verletzung entsteht, kann der Traum vom Profifußballer platzen. Daher ist eine gute Prävention (z. B. regelmäßiges Aufwärmen) und ein Auskurieren der Verletzungen enorm wichtig.

Dr. Werner Krutsch, FIFA Medical Centre, Regensburg

4.2 ENERGIE FÜRS SPIEL: DIE RICHTIGE ERNÄHRUNG

Was Sprit für ein Auto ist, ist Ernährung für einen Sportler: Energie, um sich optimal bewegen und Leistung erbringen zu können. Dabei ist wichtig, was man „tankt", damit es nicht zur Beeinträchtigung der Leistung kommt. Das gilt fürs Essen ebenso wie für Getränke. Denn Leistungssportler haben einen höheren Energiebedarf und Energieversorgung als andere Menschen. Daher ist es für sie extrem wichtig, sich richtig zu ernähren. Denn nur, wer bestimmte Grundsätze beachtet, wird Topleistungen abrufen können.

Unterschieden wird die alltägliche Ernährung von der am Spieltag. Dabei gilt, dass nicht in erster Linie der Verein die Verantwortung für eine bewusste Auswahl der Nahrungsmittel trägt, sondern der Spieler selbst. Denn diese ist ein wichtiger Baustein zur Regeneration und damit auch zur Verletzungsprophylaxe. Und nur wer von Verletzungen verschont bleibt, kann dauerhaft auf einem hohen Niveau trainieren und spielen.

Wer vor dem Training oder vor dem Spiel nicht ausreichend gegessen oder getrunken hat, wird dies auf dem Platz schnell merken. Er kann seine Leistung nicht wie gewohnt abrufen. Dem Körper fehlt die nötige Energie. Übrigens führt ein zu voller Magen zum gleichen Effekt. Wer vor dem Sport zu viel, zu schnell oder zu fettig gegessen hat, wird dies auch zu spüren bekommen. Deswegen lohnt es sich, sich mit Ernährung zu beschäftigen.

„Mein Körper ist mein Kapital. Ich muss ihn pflegen. Das beginnt mit dem Frühstück."[58]

Zé Roberto,
früher FC Bayern München

Das Frühstück ist der kulinarische Start in den Tag und vor allem im Jugendfußball, in dem die Spiele morgens bzw. vormittags angepfiffen werden, ein wertvoller Energielieferant. Viele Menschen haben jedoch früh am Morgen noch keinen Hunger. Das liegt daran, dass sich der Magen noch in einer Art Ruhezustand befindet. Dennoch empfiehlt es sich, einen kleinen Snack, wie einen Joghurt, eine Banane oder eine (kleine) Portion Müsli, zu sich zu nehmen, damit der Magen auf Touren kommt. Für unterwegs kann man sich dann durchaus noch ein Brot o. Ä. einpacken. So gewöhnt sich der Körper mit der Zeit an eine regelmäßige Nahrungsaufnahme in den Morgenstunden.

TRINKEN IST GENAUSO WICHTIG WIE ESSEN

Wasser ist nach Sauerstoff das zweitwichtigste Element zum Leben. Ein Mensch kann deutlich länger ohne feste Nahrung als ohne Flüssigkeit auskommen. Selbst ohne große Anstrengung benötigt der menschliche Körper täglich mindestens 1,5 l Wasser. Immerhin besteht er zu rund 50-70 Prozent aus Wasser. Vor allem die Muskeln brauchen viel Flüssigkeit. Hier gilt die Formel:

Je höher die körperliche Anstrengung, desto höher der Wasserbedarf.

Kein Nährstoffdefizit macht sich so schnell leistungsmindernd bemerkbar wie ein Mangel an Wasser. Trinkt man zu wenig, fühlt man sich müde, ausgelaugt, die Verdauung leidet, der Stoffwechsel verliert an Schwung und das Körpergewicht steigt. Außerdem werden durch eine hohe Flüssigkeitszufuhr auch Schlacken und Giftstoffe im Körper abgebaut. Es ist also aus ganz unterschiedlichen Gründen wichtig, viel zu trinken.

Flüssigkeitsverlust wird meist in Prozent des Körpergewichts angegeben. Wenn also ein Spieler 2 Prozent Flüssigkeit verliert, dann steigt seine Körpertemperatur leicht an. Außerdem lässt die Ausdauerleistungsfähigkeit ab einem Verlust von 2 Prozent deutlich nach. Das Durstgefühl stellt sich aber erst später ein, daher ist es wichtig, schon vorher Flüssigkeit aufzunehmen. Denn: Männliche Fußballer verlieren pro Spiel ca. 1-1,5 l Flüssigkeit, Fußballerinnen etwa ein Drittel weniger.

Tipp: Bereits vor dem Training oder vor dem Spiel ausreichend trinken, auch wenn noch kein Durst vorhanden ist. Trinkpausen während des Trainings/des Spiels nutzen. Nach dem Training/Spiel zur Regeneration trinken.

WELCHE GETRÄNKE SOLLTE MAN ZU SICH NEHMEN?

Wasser ist Hauptbestandteil des menschlichen Körpers. Gehirn, Leber, Muskelzellen und die Haut sind am wasserreichsten. Fast die Hälfte des gesamten Wasserbestandes liegt im Muskelgewebe vor.

Daher ist es für Sportler besonders wichtig, eine ausreichende Menge zu trinken, um den Körper leistungsfähig zu halten. Aber es ist auch wichtig, was man trinkt.

FLÜSSIGKEITSMANGEL: SO MACHT SICH DER KÖRPER BEMERKBAR

* Flüssigkeitsverlust nach Möglichkeit < 2% des Körpergewichts

„Klar hat sich bei der Ernährung manches getan. Wir nehmen deutlich weniger Zucker zu uns, vor allem in den Getränken. Wenn man das ein Trainingslager und eine Vorbereitung lang durchzieht, ändert sich bei jedem etwas."[59]

Marcel Schmelzer, Borussia Dortmund

WASSER

APFELSCHORLE

ISODRINK

...

COLA

ALKOHOL

KAFFEE

...

Mineralwasser ist gut zur Versorgung des Körpers mit Magnesium und das beste Getränk für den Alltag. Es liefert aber bei lang andauernder Belastung keinen Energienachschub. Die Kohlensäure kann zudem zu Aufstoßen führen.

Stilles Wasser belastet den Körper nahezu gar nicht, versorgt den Körper aber trotzdem mit Magnesium. Es ist eine gute Alternative zum Mineralwasser.

Saftschorlen im Mischverhältnis 1:2 oder 1:3 liefern dem Körper Energie in Form von Kohlenhydraten, sind gleichzeitig aber auch gute Durstlöscher. Zu empfehlen ist die Mischung mit magnesiumreichem Wasser. Oft sind Saftschorlen günstiger und verträglicher für den Körper als Isodrinks.

Isodrinks dienen als schneller Wasserersatz, verfügen aber auch über einen Kohlenhydratanteil, der Energie liefert. Zudem beinhalten Isodrinks eine Vielzahl von Mineralien und Vitaminen. Die Verwertung der Bestandteile im Körper erfolgt besonders schnell.

Saft enthält zu viele Kohlenhydrate und belastet den Magen vor dem Sport aufgrund der Fruchtsäure eher. Daher sollte man eine Stunde vor dem Training keinen Saft zu sich nehmen. Außerdem enthält Saft in Form von Fruchtzucker fast ebenso viele Kalorien wie Limonade, weswegen es ratsam ist, täglich nicht mehr als ein Glas Saft zu trinken.

Cola & Co. enthalten viel zu viel Zucker. Daher bezahlt man einen zu hohen Colakonsum mit Muskelverletzungen.

Energydrinks enthalten neben vielen Kohlenhydraten auch viel Coffein, das die Nieren zu vermehrter Wasserausscheidung anregt.

Alkohol und Sport vertragen sich nicht miteinander, da sich Alkohol negativ auf die Leistungsfähigkeit auswirkt. Hände weg!

WAS SOLLTE EIN SPORTGETRÄNK ENTHALTEN?

„Der Markt bietet eine große Anzahl an Sportgetränken, die die mit dem Schweiß verloren gegangenen Mineralstoffe schnell ersetzen, den Flüssigkeitsverlust ausgleichen und neue Energie in begrenzter Menge zuführen. Der Zuckergehalt sollte zwischen 20 und 80 g/l liegen, Natrium mit 400-800 mg/l ausgewiesen sein. Außerdem: Kalium bis maximal 225 mg/l. Die Getränke sollten kohlensäurefrei und isoton sein, also in etwa die gleiche Teilchenkonzentration wie das menschliche Blut aufweisen. Und der Geschmack spielt natürlich auch eine wichtige Rolle."[60]

BAUSTEINE DER ERNÄHRUNG

Wie schon angedeutet, kommt es nicht nur darauf an, in den richtigen Mengen zu essen, sondern auch darauf, was man zu sich nimmt. Dafür ist es wichtig, zu wissen, dass es neben Wasser insgesamt sechs Bausteine der Ernährung gibt.

Kohlenhydrate

- **Aufgabe:** Energielieferanten für Sportarten von relativ kurzer Dauer, mit hoher Intensität und für geistige Leistungen.
- Traubenzucker ermöglicht einen kurzen Leistungskick, besser sind jedoch Zucker, die langsam ins Blut fließen und lange in der Muskelzelle gespeichert werden.
- **Beispiele:** Getreide, Nudeln, Kartoffeln, Bananen.

Fette

- **Aufgabe:** Energielieferanten bei Belastungen ab 90 Minuten, Versorgung des Körpers mit Vitaminen.
- Wertvolle Fette sind die, die aus einfach und mehrfach ungesättigten Fettsäuren bestehen.
- **Beispiele:** Fisch, Nüsse.

Eiweiß

- **Aufgabe:** Versorgung des Körpers mit Aminosäuren.
- **Beispiele:** Fleisch, Milch, Joghurt, Quark, Käse, Fisch, Ei, Hülsenfrüchte.

Vitamine und Mineralien

- **Aufgabe:** Stärkung des Immunsystems, „Nahrung" für den Organismus.
- **Beispiele:** Obst, Gemüse, Kräuter, Vollkornprodukte, Fleisch, Geflügel, Fisch, Milchprodukte, Nüsse.

Ballaststoffe

- **Aufgabe:** Stoffwechselregulation, Gesunderhaltung der Darmfunktion.
- **Beispiele für Lebensmittel:** Vollkornprodukte, Hülsenfrüchte, Gemüse, Obst, Leinsamen.

LEBENSMITTELPYRAMIDE

Sprechen Ernährungswissenschaftler von einer gesunden und ausgewogenen Ernährung, so wird diese im Modell der Lebensmittelpyramide (s. Abb.) dargestellt. Nachdem nun klar ist, welche Bausteine wozu dienen, veranschaulicht die Pyramide, wie viel man von welchem Baustein zu sich nehmen sollte.

Die beiden unteren Stufen stellen die Fitmachergruppe, also die Basis einer ausgewogenen Ernährung, dar. Kohlenhydratreiche Lebensmittel können nach Belieben mit Gemüse und Obst kombiniert werden. Das Ziel sollte sein, fünf Portionen Obst oder Gemüse am Tag zu sich zu nehmen. Milch und fettarme Milchprodukte gehören auf den täglichen Speiseplan, da sie wichtige Eiweiß- und Kalziumlieferanten sind. Außerdem ist es sinnvoll, je zwei Fleisch-, Fisch- und Eigerichte pro Woche einzuplanen. Fleisch ist ebenfalls ein guter Eiweißlieferant, den man jedoch nicht täglich benötigt. Dafür beinhaltet Fisch Nährstoffe, die das Fleisch nicht liefern kann.

Die Spitze der Pyramide zeigt das, was man nur in kleinen Mengen zu sich nehmen sollte: Süßigkeiten und Fett. Es gibt zahlreiche Sportler, die sich wider besseres Wissen nicht nach diesem Modell ernähren. Aber es ist möglich, seinen Körper für eine gesunde Ernährung zu sensibilisieren. Schafft man es, die Hinweise aus der Theorie über ein bis zwei Wochen zu befolgen und stellt dabei fest, dass das Körpergefühl und das Leistungsvermögen ein Besseres ist, fällt es nicht mehr so schwer, sich auch in Zukunft bewusster zu ernähren.

Tipp: Man muss nicht auf viel verzichten, um gesunde und sportlergerechte Nahrung zu sich zu nehmen. Man kann jedoch durchaus ein bisschen genauer hinschauen: Kartoffeln statt Pommes frites, Obstkuchen statt Sahnetorte, Käsesorten mit weniger Fett usw.

NICHT AUF DIE SPITZE TREIBEN: DIE LEBENSMITTELPYRAMIDE

MINERALSTOFFE

Schwitzt ein Fußballer, verliert er neben Flüssigkeit auch Mineralstoffe, die seine Leistungsfähigkeit beeinflussen. Natrium und Kalium sind maßgeblich für die Erregungsbildung von Muskel- und Nervenfasern verantwortlich. Natrium ist in Kochsalz enthalten und wird daher überwiegend über feste Nahrungsmittel wie Fleisch- und Wurstwaren, aber auch über Mineralwasser aufgenommen. Kalium findet sich in vielen Lebensmitteln, vor allem in Obst (Bananen). Auch Kalzium und Magnesium sind an der sportlichen Belastung beteiligt. Während Kalzium ebenfalls über den Schweiß ausgeschieden wird, wird Magnesium in der Muskulatur verbraucht. Muskelkrämpfe sind bei Fußballern vor allem auf einen Kalzium- und/oder Magnesiummangel zurückzuführen. Daher sollte in der Ernährung auf die Zufuhr von Mineralstoffen Wert gelegt werden.[61]

NAHRUNGSERGÄNZUNGSMITTEL

Nahrungsergänzungsmittel werden als Wunder(-mittel) der Lebensmittelindustrie angepriesen. Zum einen versprechen die Hersteller eine schnelle Gewichtsreduktion, zum anderen aber auch die Möglichkeit, sportliche Höchstleistungen zu erbringen. Doch es ist Vorsicht geboten, denn nicht immer lässt sich nachvollziehen, welche Inhaltsstoffe in den Nahrungsergänzungsmitteln enthalten sind und ob diese auf der Dopingliste stehen.

Bei den Olympischen Winterspielen in Sotschi gab es 2014 den Fall, dass die deutsche Biathletin Evi Sachenbacher-Stehle gesperrt wurde, weil sie unabsichtlich verbotene Substanzen zu sich genommen hatte. „Biathlon-Cheftrainer Uwe Müßiggang hatte sich hinsichtlich der Ursache geäußert: ‚Es soll sich um ein Nahrungsergänzungsmittel handeln, das keinerlei leistungsfördernde Wirkung hat', sagte Müßiggang. ‚Wir weisen die Mädels immer wieder darauf hin, dass sie so etwas nicht nehmen sollen.'"[62]

Grundsätzlich stellt sich die Frage, ob eine gesunde und ausgewogene Ernährung nicht ausreicht. „‚Wir haben Sportarten, die mit hohem Kalorienverbrauch einhergehen, wo es manchmal auch logistisch schwierig ist, Nahrung im richtigen Moment zuzuführen', sagt Prof. Dr. Wolfarth (Olympiaarzt der deutschen Mannschaft), ‚dann können Gels und Riegel helfen, schnell mal die Kohlenhydratspeicher aufzufüllen – aber gesunde Ernährung ist die Basis, es ist definitiv nicht so, dass immer ein Nahrungsergänzungsmittel notwendig ist.'"[63] Eine Orientierung bietet das Onlineportal für Leistungs- und Freizeitsportler „Kölner Liste" im Internet (» www.koelnerliste.com), idealerweise sollte aber immer ein Arzt oder der Physiotherapeut des Vereins zurate gezogen werden, wenn es um Nahrungsergänzung geht.

VEGANE ERNÄHRUNG

Ein Trend, der sich im Spitzensport immer mehr durchsetzt, ist die vegane Ernährung. Borussia Dortmund, Eintracht Frankfurt und der SV Darmstadt 98 gelten als Pioniere für eine Ernährung mit deutlich weniger Zucker und mit dem Verzicht auf tierische Produkte. „Generell ist tierische Ernährung für den Körper nicht gut", erklärt Christian Kolodziej, Fitness- und Konditionstrainer bei Eintracht Frankfurt. „Führende Universitäten empfehlen eine pflanzliche Ernährung und raten nicht umsonst von Milchprodukten ab, die für den Säure-Basen-Haushalt schädlich sind. Dieser Trend basiert also auf wissenschaftlichen Erkenntnissen und stellt keine Esoterik dar."

Daher hat auch Thomas Tuchel beim BVB die Speisepläne umgestellt und hat dafür von seinen Spielern ein durchweg positives Feedback erhalten. Ähnlich verhält es sich mit Ex-Darmstadt-Profi Marco Sailer, der als prominentes Beispiel gilt. Er ernährt sich komplett vegan. Dafür muss er, unter der Kontrolle des medizinischen Teams, hochwertige Nahrungsergänzungsmittel zu sich nehmen, um einen Nährstoffmangel zu vermeiden. „Ich fühle mich fitter, stärker, einfach besser", beschreibt Sailer. Und er ist kein Einzelfall. Sportwissenschaftler Robert Erbeldinger, Initiator der *sportärztezeitung*, sieht einen Zusammenhang zwischen Ernährung und Verletzungsanfälligkeit: „Der Verein hat seit fast zwei Jahren kaum Muskelverletzungen zu beklagen. Die Zahl ist äußerst gering dort. Das ist im Fußball selten. Das ist kein Zufall."[64]

Allerdings ist eine rein pflanzliche Ernährung für Kinder noch nicht zu empfehlen. „Veganes Essen kann zu gefährlicher Mangelernährung führen – vor allem bei Kindern", warnt Bundesernährungsminister Christian Schmidt.[65] Das liegt daran, dass junge Menschen das Vitamin B_{12} viel schlechter speichern können als Erwachsene. Und dieses Vitamin, das für die Zellteilung, Blutbildung und die Funktion des Nervensystems zuständig ist, ist fast ausschließlich in tierischen Produkten enthalten.

ERNÄHRUNG AM SPIELTAG

Am Spieltag steht nur die optimale Leistung im Vordergrund, nicht die gesunde Ernährung. Deswegen ist es vorrangig, dass die Energie, die ein Spieler während des Spiels benötigt, in den körpereigenen Energiespeichern vorhanden ist. Nur so sind Leistungsfähigkeit und Konzentration bis zum Abpfiff gewährleistet. Während man im Laufe eines Spiels trinken kann, ist die Aufnahme von Nahrung unmöglich. Also muss vorgesorgt werden. Dabei ist es ratsam, auf Salat und hartes Gemüse, wie z. B. Paprika, Gurken etc., zu verzichten. Der Körper braucht zu lange, um die Bestandteile zu zersetzen, was zu einem unangenehmen Völlegefühl und zu Aufstoßen führt.

Gleiches gilt für alle Lebensmittel, die man lange kauen muss, da diese ebenfalls lange im Magen-Darm-Trakt verweilen. Außerdem sind extrem scharfe, süße oder salzige Produkte, wie Saucen o. Ä., nicht ratsam. Darüber hinaus sollte darauf geachtet werden, dass die letzte Mahlzeit vor dem Spiel nicht zu spät eingenommen werden darf. Ideal sind zweieinhalb bis drei Stunden vor Anpfiff.

Power durch Kohlenhydrate: Studien haben ergeben, dass der Körper beim Fußball vor allem Kohlenhydrate benötigt, um physische und geistige Leistung bringen zu können. Also gilt es, am Spieltag den Speiseplan darauf abzustimmen. Drei bis vier Stunden vor Anpfiff sind 200-300 g Kohlenhydrate angemessen. Ca. eine Stunde vor Anpfiff kann man noch eine Banane (oder alternativ einen Sportriegel, bei dem die Inhaltsstoffe stark gemahlen sind, damit der Organismus schnell auf sie zugreifen kann) zu sich nehmen.

Flüssigkeitsaufnahme: 20 bis 30 Minuten vor Anpfiff sorgen 250 ml eines kohlensäurefreien Sportgetränks für einen optimalen Blutzuckerspiegel. Während des Spiels und in der Halbzeitpause sollte ebenfalls getrunken werden (maximal 0,5 l).

Besonderheit bei Turnieren: Turniere dauern oft viele Stunden, manchmal sogar mehrere Tage. Hierbei sollte sichergestellt sein, dass die Spieler mit entsprechendem Proviant ihre Energiespeicher regelmäßig auffüllen können.

WENIGER IST MEHR

Man darf die Kohlenhydratspeicher nicht überfüllen! Zu große Mengen kann der Körper nicht umsetzen und der Spieler wird beeinträchtigt.

ZEITLEISTE – BEISPIEL: SPEISEPLAN AM SPIELTAG

Abendessen am Tag vor dem Spiel

- Auf dem Speiseplan dominiert noch Vielfalt.
- Auffüllen der Kohlenhydratspeicher beginnt.

Frühstück am Spieltag

- Besonders wichtig!
- Die Speicher haben sich über Nacht fast ganz entleert und müssen gefüllt werden.
- Sinnvoll: weiße Brötchen oder Toast mit Frischkäse und Honig, Obst. Müsli nur maximal als Miniportion, denn Müsli hat viele aufquellende Ballaststoffe, die den Magen-Darm-Bereich belasten.

Mittagessen am Spieltag

- Meist die letzte Chance, die Kohlenhydratspeicher richtig aufzufüllen.
- Sinnvoll: Nudeln, Kartoffeln, Reis und Suppe. Aber kein Fleisch, keine Vollkornprodukte, keine Salate und kein Müsli.

Snacks auf dem Weg zum Spiel

- Möglichkeit, im Bus auf dem Weg zum Spiel Kohlenhydrate in Form von kleinen Snacks zu sich zu nehmen.
- Sinnvoll: Bananen, fettarme Kuchen oder Müsliriegel.
- ACHTUNG: Bei Snacks sollte das Verhältnis von Kohlenhydraten und Fett stimmen. Es lässt sich auf der Packung nachlesen und sollte 6:1 lauten.

In der Halbzeit

- Versorgung mit Flüssigkeit: in erster Linie Wasser, eventuell Elektrolytgetränk.
- Kekse, Obst, fettarmer Kuchen.

Nach dem Spiel

- Auffüllen der Kohlenhydrat- und Eiweißspeicher (z. B. mit Nudeln und Pute oder mit einer Banane und einem Eiweißshake) → für eine optimale Regeneration gilt: Je eher die Speicher wieder aufgefüllt werden, desto besser. Ideal ist es, bereits in den ersten 30-45 Minuten nach Abpfiff den Bedarf zu decken. Achtung: Ein Torwart läuft weniger als die anderen Spieler und hat daher nicht so einen großen Bedarf an Kohlenhydraten.
- Der Spieler muss für sich selbst herausfinden, welche Menge und welche Art von Nahrungsmitteln er nach einem Spiel am besten verträgt.

4.3 SPIEGLEIN, SPIEGLEIN AN DER WAND: DAS ERSCHEINUNGSBILD

Schaut man ein Bundesligaspiel, fällt auf, dass nahezu keiner der Profis mehr schwarze Schuhe trägt. Fast alle haben die neuesten Modelle ihres Ausrüsters in möglichst grellen Farbtönen. Es sind zweifellos echte Hingucker. Aber soll man diesen Trend mitmachen, oder hat es vielleicht Vorteile, einer schlichteren Linie treu zu bleiben? Die gleiche Frage gilt für ausgeflippte Frisuren und sonstige fußballerische Ausrüstung. Es gibt zahlreiche Modeerscheinungen im Fußball, die junge Spieler zum Nachahmen anspornen.

Aber was macht Sinn und was behindert einen möglicherweise sogar beim Fußball? Beispiel Frisuren: Es ist wichtig, dass ein Spieler die Augen und Ohren freihat, um Spielzüge richtig einschätzen zu können. Es ist außerdem wichtig, die Stimme des Trainers, der Mit- und Gegenspieler hören zu können. Darüber hinaus muss die Sicht uneingeschränkt sein. Die Haare dürfen einen nicht daran hindern, das Spielgeschehen vollständig zu verfolgen. Dazu zählt eben auch, dass man das Verhalten der Spieler der eigenen und der gegnerischen Mannschaft aus den Augenwinkeln verfolgt.

Ist jedes Mal eine Kopfbewegung vonnöten, um sich freie Sicht zu verschaffen, ist das extrem hinderlich und wird definitiv die Konzentration auf das Spiel beeinträchtigen.

Im Übrigen ist auch eine sportliche Figur von Vorteil. Damit zeigt man, dass man sportlich bzw. athletisch ist, sich bewusst ernährt und fleißig trainiert. Wenn Scouts unterwegs sind, zählt der erste Eindruck und in solchen Fällen kann Übergewicht bei Kindern und Jugendlichen durchaus ein K.-o.-Kriterium sein.

SCHIENBEINSCHONER

Größe: Schienbeinschoner sollten in einer solchen Größe ausgewählt werden, dass sie das gesamte Schienbein abdecken und schützen. Das ist deswegen so wichtig, weil bei einem Schlag sofort der Knochen getroffen wird. Es ist keine Muskulatur davor, die diesen schützen könnte. Obwohl der Trend zu immer kleineren Modellen geht, ist es daher unbedingt ratsam, diese Mode nicht mitzumachen, sondern an die eigene Gesundheit zu denken.

Schutz: Schienbeinschoner sind ein Eigenschutz vor schmerzhaften Hämatomen. Diese können bis zu drei Wochen Verletzungspause bedeuten.

Immer: Nicht nur im Spiel, sondern auch im Training sollte man seine Schienbeinschoner anlegen. Denn auch hier ist die Verletzungsgefahr gegeben. Außerdem sollte man immer so trainieren, wie es im Spiel gefordert wird.

SCHUHE

Farbe: Für einen jungen Spieler ist es ratsam, zunächst schlichte, schwarze Schuhe auszuwählen. Dies signalisiert nach außen eine gewisse Form von Demut, sich nicht auf Äußerlichkeiten wie bunte Schuhe, sondern auf den Sport selbst zu konzentrieren.

Material: Lederschuhe sind von der Qualität her hochwertiger als Modelle aus Synthetik. Leder liegt besser an und ist zudem angenehmer für die Füße. Bei einer häufigen Beanspruchung macht sich der Unterschied bereits durch die Lebensdauer des Schuhs bemerkbar. Grundsätzlich gilt, dass der Schuh ausgewählt werden sollte, in dem sich der Spieler am wohlsten fühlt. Vor allem sollte auf einen guten Halt und einen geraden Stand in dem jeweiligen Schuh geachtet werden, um Umknickverletzungen vorzubeugen. Daher tragen viele Spieler inzwischen Schuhe mit einem etwas höheren Schaft.

Markenzwang: Aufgrund von Verträgen mit Ausrüstern herrscht in manchen Vereinen die Pflicht, Fußballschuhe einer bestimmten Marke zu tragen. Dem sollte man sich unbedingt beugen, um sich und dem Verein unnötigen Ärger zu ersparen. Einen Vertragsbruch sieht niemand gerne, weswegen die Vereinsverantwortlichen sehr genau darauf achten, ob sich alle an die Regeln halten. Tut man das nicht, drohen Konsequenzen.

Darüber hinaus gibt es in zunehmendem Maße individuelle Ausrüsterverträge. Immer mehr Sportartikelhersteller nehmen Spieler unter Vertrag, die gerade einmal 14 oder 15 Jahre alt sind. Diese genießen gewisse Vorzüge, wenn sie den Schuh diese Firma tragen – entweder finanzieller Natur oder bezogen auf die Ausstattung.

Im Übrigen kann ein Wechsel der Schuhmarke auch Probleme mit der Statik nach sich ziehen. Darum sollte man sich durchaus auf eine Marke festlegen, mit der der Fuß am besten klarkommt.

STUTZEN

Stutzen trägt man immer über den Schienbeinschonern, um diese zu fixieren. In den USA gibt es Modelle, in denen die Schienbeinschoner bereits eingearbeitet sind. Außerdem sollten die Stutzen unterhalb des Knies umgeschlagen und nicht über das Knie gezogen werden. So bleibt die Kniepartie beweglich – ein ständiges Verrutschen der Stutzen wird ebenfalls vermieden (Ablenkung).

FUNKTIONSWÄSCHE

Funktionswäsche ist beim Training elementar. Es dürfen definitiv keine Jeans oder Stoffhosen getragen werden, da diese bis zu 60 Prozent des Schweißes, den der Sportler verliert, speichern. Zum einen wird die Kleidung somit deutlich schwerer, zum anderen führt die gespeicherte Flüssigkeit auch dazu, dass der Körper in erhöhtem Maße auskühlt.

Temperaturregulation: Funktionswäsche arbeitet nach dem Prinzip „Schweiß mindern, aber nicht verhindern". Zwar wird der Schweiß schnell nach außen transportiert, wodurch die Wäsche sehr angenehm zu tragen ist, aber sie leitet ihn nicht komplett weg. Auf diese Weise behält der Körper eine angenehme Temperatur.

HAARE

Entweder man trägt die Haare sowieso kurz, oder man fixiert sie während des Spiels mit einem Haarband. Augen und Ohren sollten auf dem Platz frei sein, um die Leistung bestmöglich abrufen zu können. Wenn ein Fußballer ständig den Kopf schütteln muss, um etwas zu sehen, bedeutet das eine enorme Ablenkung vom Geschehen auf dem Platz, die ihn und sein Spiel definitiv beeinträchtigen wird.

BRILLE/KONTAKTLINSEN

Ist man auf eine Sehhilfe angewiesen, obliegt es einem selbst, ob man sich für eine Brille oder für Kontaktlinsen entscheidet. Ohnehin führt der erste Weg zum Augenarzt, der die Sehstärke misst und ein Rezept schreibt, mit dem man zum Optiker geht. Dieser berät kompetent und empfiehlt entweder eine Sportbrille oder ein Modell mit längeren Bügeln hinterm Ohr. Diese gewährleisten mehr Halt als die Bügel einer normalen Brille. Sportbrillen, die ähnlich wie Schwimmbrillen aussehen, wird man jedoch eher bei Kindern finden. Bei Jugendlichen geht die Tendenz dahin, Kontaktlinsen zu tragen – nicht nur aus Gründen der Eitelkeit, sondern auch, um in Zweikämpfen oder bei Kopfbällen keinerlei Beeinträchtigung zu haben. Trägt man im Alltag lieber eine Brille, empfiehlt es sich, zum Fußball Tages-Kontaktlinsen zu verwenden. Diese sind preisgünstig und können nach dem Spiel bzw. Training entsorgt werden. Dadurch spart man sich die Pflege, Reinigung und Aufbewahrung der Kontaktlinsen.

4.4 SPIELVORBEREITUNG: BEREIT FÜR 90 MINUTEN

Am Spieltag liegt die volle Konzentration auf dem Spiel und darauf, es möglichst erfolgreich zu bestreiten. Nichts darf einen mehr aus der Fassung bringen. Mit einer guten Spielvorbereitung kann man diverse Störfaktoren ausschließen.

Ein Sieg beginnt schon am Tag vor dem Spiel, wenn ich meine Tasche packe.

Der eine oder andere wird sich wundern, wenn er das liest. Aber eine akribische Vorbereitung ist die Basis einer erfolgreichen Arbeit, übrigens nicht nur im Fußball. Wenn man auf alle äußeren Störfaktoren vorbereitet ist, die das Gelingen der Mission behindern könnten, dann kann nicht mehr viel schiefgehen. Denn somit hat man alles selbst in der Hand.

Mit Störfaktoren sind ganz banale Dinge des Alltags gemeint, wie zum Beispiel:

- Durch einen Stau kommt man zu spät zum vereinbarten Treffpunkt.
- Ein Schuh oder ein Schnürsenkel reißt und es ist kein Ersatz vorhanden.
- Es muss wegen des Wetters statt auf Rasen nun auf Kunstrasen gespielt werden und die Kunstrasenschuhe stehen zu Hause.

All diese ärgerlichen Zwischenfälle kann man sich und seinem Team ersparen, indem man sich gut vorbereitet.

WAS GEHÖRT IN DIE FUSSBALLTASCHE?

- Ersatzschnürsenkel
- Ersatzschuhe bzw. Schuhe für unterschiedlichen Untergrund
- Ersatzstollen, wenn man mit Schraubstollen arbeitet, und das entsprechende Werkzeug zum Montieren
- Handtuch und Duschzeug
- Getränke und Snacks (Banane, Müsliriegel)
- Sportgerechte Unterwäsche
- Funktionswäsche

Dazu in den Wintermonaten:

- Fettcreme für die Füße
- Plastiktüte oder Nassfach in der Sporttasche, damit man nasse Kleidung isolieren kann.
- Zwei Plastiktüten, die man bei nassem Wetter zwischen Socken und Stutzen anziehen kann, damit die Füße trocken bleiben (eine pro Fuß).
- Handschuhe, Halswärmer

DER ABEND VOR DEM SPIEL

Am Abend vor dem Spiel kann man schon viel erledigen. Meistens kann man in Ruhe seine Sporttasche für den kommenden Tag packen. Das sollte man unbedingt tun, damit am nächsten Morgen in der Hektik keine wichtigen Dinge vergessen werden.

In die Tasche gehören folgende Dinge:

- **Sportgerechte Unterwäsche** (ein Slip eignet sich meistens besser als weite Boxershorts).
- **Zwei Garnituren Funktionswäsche zum Wechseln:** Bei schlechtem Wetter oder einem besonders schweißtreibenden Spiel ist es vor allem bei kühlen Witterungsbedingungen angenehm, wenn man in der Halbzeitpause die Funktionswäsche (Shirt und Hose) unter dem Trikot wechseln kann. Hierbei geht es um Eigenverantwortung, denn es wird Erkältungen vorgebeugt.
- **Handschuhe/Halswärmer:** Im Winter leisten Handschuhe und Halswärmer ebenfalls wertvolle Dienste.
- **Jacke:** Nicht vergessen werden darf auch die Trainings-, Regen- oder Winterjacke, die man je nach Witterungsbedingungen vor und nach dem Spiel trägt.
- **Ersatzschuhe:** Am besten je zwei Paar Schuhe (Rasen, Kunstrasen). Dann ist man darauf vorbereitet, wenn ein Schuh reißt, aber auch darauf, auf einen anderen Platz mit anderem Belag auszuweichen (im Kinderbereich wird Letzteres hinfällig, da hier ohnehin nur Multifunktionsschuhe gebraucht werden).

- **Ersatzschnürsenkel:** Wenn ein Schnürsenkel reißt, ist ein neuer gleich griffbereit und man verliert nicht unnötig Zeit.
- **Ersatzstollen:** Verwendet man Schuhe mit Schraubstollen, sollte man auch hiervon Ersatz dabeihaben. Außerdem gehört natürlich das entsprechende Werkzeug dazu, um die Stollen schnellstmöglich montieren zu können.
- **Duschgel, Badeschlappen und Handtuch:** Aus hygienischen Gründen sollte nach dem Spiel unbedingt geduscht werden. Je nach Beschaffenheit der Kabine ist es ratsam, Badeschlappen anzuziehen.
- **Getränk und Snack:** Um während und nach dem Spiel den Durst zu stillen und damit möglichst zeitnah die Regeneration des Körpers zu ermöglichen, gehört unbedingt ein Getränk in die Sporttasche. Außerdem empfiehlt es sich, einen Snack (Banane, Müsliriegel) dabeizuhaben, um dem Körper nach der Partie oder zwischendurch Energie zuführen zu können.
- **Fettcreme und Plastiktüte in den Wintermonaten:** Im Winter, wenn es draußen kalt und nass ist, kann man seinen Füßen etwas Gutes tun, indem man sie mit einer Fettsalbe eincremt. Das beugt Schmerzen vor. Deswegen sollte sich auch diese in der Sporttasche wiederfinden, genauso wie eine Plastiktüte. Zum einen kann man darin nach dem Umziehen die Kleidungsstücke aufbewahren, die trocken bleiben sollen. Zum anderen kann man dort nach dem Spiel die Sportkleidung einpacken, damit die Sporttasche nicht nass und schmutzig wird. Manche Sporttaschen verfügen über ein spezielles Nassfach, welches das Mitbringen einer Plastiktüte überflüssig macht.
- **Zwei weitere Plastiktüten bei nassem Wetter:** Um zu verhindern, dass die Füße bei Regen und nassen Plätzen ebenfalls nass werden, empfiehlt es sich, zwei weitere Plastiktüten (z. B. Gefrierbeutel) einzupacken. Mit diesen hält man seine Füße trocken, indem man zunächst Sportsocken anzieht und dann die Tüten darüber stülpt (Plastik direkt auf der Haut ist nicht empfehlenswert). Anschließend zieht man die Stutzen an, um die Tüten zu fixieren.

Ist die Tasche fertig gepackt, sollte man nicht allzu spät ins Bett gehen, um am nächsten Tag ausgeruht und konzentriert zu sein. Etwa acht Stunden Schlaf werden einem erwachsenen Sportler empfohlen, Kindern zwischen sieben und elf Jahren durchaus zehn bis elf Stunden. Positiv schlafen ist nun das Schlüsselwort. Wenn man im Bett liegt, kann man schon einmal mit positiven Gedanken Szenen des Spiels visualisieren. Zum Beispiel kann sich der Stürmer vorstellen, wie er ein Tor erzielt. Der Torwart hingegen kann vor seinem geistigen Auge durchspielen, wie er einen schwierigen Ball hält. All das hilft, um optimal vorbereitet in den nächsten Tag zu starten.

Wichtig ist, den Spieltag „richtig" zu visualisieren. Die Konzentration darf nicht nur auf einem selbst bzw. auf der eigenen Mannschaft liegen. Denn selbst, wenn diese in der Lage ist, fünf Tore zu schießen, kann sie durchaus noch 5:7 verlieren.

Beispiel: Zwei Triathleten, die den Iron Man bestritten haben, haben im Vorfeld über Monate hinweg die komplette Strecke vorher wieder und wieder visualisiert. Dabei hat sich Athlet A nur darauf konzentriert, den bestehenden Rekord zu brechen. Athlet B hingegen hat sich darauf konzentriert, schneller als Athlet A das Ziel zu erreichen. Tatsächlich ist es so gekommen, dass Athlet A eine neue Rekordzeit hingelegt, aber Athlet B die Ziellinie zehn Sekunden vor ihm überquert hat.[66]

Ein tiefer, gesunder Schlaf und die Fähigkeit zu sportlichen Leistungen sind eng miteinander verknüpft, denn im Schlaf wird der vorangegangene Tag von Körper und Geist verarbeitet. Es finden Regenerations- und Speichermaßnahmen als Reaktion auf die Belastungen des vergangenen Tages statt. Beispielsweise werden im Tiefschlaf Wachstumshormone ausgeschüttet, die ein Muskelwachstum und die Zunahme von Knochenmasse begünstigen. So reagiert der Körper auf die Trainingsreize. Darüber hinaus wird im Schlaf Wissen gespeichert. Darunter fallen zum Beispiel auch am Tag erlernte Bewegungsabläufe. Auch das Immunsystem regeneriert im Schlaf. Schlechter Schlaf hat oft Auswirkungen auf die Konzentrationsfähigkeit. Im schlimmsten Fall kann eine Unaufmerksamkeit im Spiel eine Verletzung nach sich ziehen. Daher ist es wichtig, dass der Akku aufgeladen ist und die Sinne geschärft sind. Übrigens ist es so, dass Fernseher, Computer oder Smartphone das Gehirn aktivieren und somit das Einschlafen erschweren. Besser ist es daher, abends ein Buch zu lesen.

DER MORGEN DES SPIELTAGS

Die Zeit zum Aufstehen richtet sich nach der Anstoßzeit. Der Körper bzw. das Herz-Kreislauf-System benötigt zwei bis drei Stunden, um auf Touren zu kommen. Ein gutes Frühstück ist ebenfalls notwendig, um im Spiel die nötigen Energiereserven zu haben. Der Treffpunkt ist in der Regel 60 bis 75 Minuten vor dem Anstoß, bei Auswärtsspielen entsprechend früher. Pünktlichkeit ist hier das oberste Gebot! Deswegen empfiehlt es sich, falls nötig den Verkehrshinweis zu hören und unbedingt frühzeitig von zu Hause loszufahren.

Eine gewisse Nervosität vor Wettkämpfen ist nichts Ungewöhnliches. Jeder Mensch kennt diese Situationen, in denen er auf die Probe gestellt wird, in denen er auf den Punkt genau Höchstleistungen abrufen möchte. Doch was genau passiert zu diesem Zeitpunkt im Organismus? Dan Millman gibt hierauf eine Antwort: „Ihr Körper bereitet sich auf eine einmalige Anforderung vor: Ihre Nebennieren schütten Adrenalin aus; dadurch werden einfache Zucker ins Muskelgewebe abgegeben, um den Körper auf eine außergewöhnlich intensive Aktivität vorzubereiten; Ihr Herz beginnt, schneller zu schlagen und Ihre Atemmechanismen werden angeregt (daher das Gähnen). Ihre Muskeln zittern vor Energie und Aktionsbereitschaft."[67]

DIE RICHTIGE SPIELVORBEREITUG

4.5 SCHULE, FUSSBALL, FREIZEIT – ALLES UNTER EINEM HUT

„Keine Zeit!" – Ab sofort kein Problem mehr. Mit einem durchdachten Zeitplan gelingt es, genügend Zeit für Schule, Fußballtraining und Treffen mit Freunden aufzubringen. Denn nur mit dem nötigen Ausgleich kann man Höchstleistungen abrufen.

ZEITMANAGEMENT IST ALLES

Je älter man wird, desto größer werden die Anforderungen und Verpflichtungen. Die Zahl der Schulstunden nimmt kontinuierlich zu, es muss mehr Zeit für Hausaufgaben und Lernen eingeplant werden, die Trainingshäufigkeit im Fußballverein steigt und genug Raum, um Freunde zu treffen, sollte auch noch bleiben. Es wirkt so, als hätte man immer weniger Zeit.

Niemand sollte sich jedoch davon entmutigen lassen. Um diese Herausforderungen zu meistern, gibt es ein Patentrezept: gutes Zeitmanagement. Je voller der Terminplan, desto wichtiger wird eine vorausschauende Organisation. Wird beispielsweise am Dienstag eine Klassenarbeit geschrieben, muss am Wochenende mehr Zeit auf die Vorbereitung verwendet werden. Fühlt man sich auf den geforderten Themengebieten sicher, kann man es sich durchaus leisten, am Montagabend zum Training zu gehen.

Früh übt sich! Was man in jungen Jahren lernt, kann man in der Folgezeit perfektionieren. Später ist es dann eine Selbstverständlichkeit, die automatisiert ist und gar nicht mehr hinterfragt wird. Ein wichtiger Grundstein für alles, was sich später im menschlichen Verhaltensmuster wiederfindet, wird folglich in der Kindheit gelegt.

Der äthiopische Langstreckenläufer Haile Gebrselassi hält den Weltrekord über 10 km. Der wichtigste Grund scheinen nicht seine Gene zu sein, sondern seine langen Fußwege in der Kindheit.[68]

Außerdem hält sportliche Betätigung jeder Art den Geist frisch und ist ein willkommener Ausgleich nach langem Lernen. Was gibt es Schöneres, als nach einem Tag voller Vokabeln und Matheformeln mit den Mannschaftskameraden auf dem Fußballplatz an seine Grenzen zu gehen? Es ist aber, vor allem im Leistungsbereich, wichtig, fußballfreie Zeiten in den Wochenplan einzubauen.

SCHULE WICHTIGER ALS FUSSBALL? KIDS, AUFGEPASST!

Fußball steht auf der Prioritätenliste der meisten Spieler an erster Stelle. Lieber macht man in der Schule ein paar Abstriche, als das Training zu verpassen. Aber man sollte nicht zu kurzfristig planen, sondern vielmehr hinterfragen, warum fast alle Profifußballer trotz großer zeitlicher Belastung den bestmöglichen Schulabschluss gemacht haben. Sie haben erkannt, wie wichtig die Schule ist. Zum einen entwickelt man dort eine hohe Konzentrationsfähigkeit und bekommt wichtige Impulse. Zum anderen ist es so, dass Menschen nur in einer begrenzten Zeit ihres Lebens Fußball spielen können. Zunächst einmal schaffen nicht alle Spieler den Sprung in die höchsten Profiligen, es gehört auch jede Menge Glück dazu. Dann kann die Karriere aufgrund einer Verletzung abrupt enden.

Und selbst wenn ein Spieler eine erfolgreiche Laufbahn eingeschlagen hat, muss er sich bereits mit Anfang 30 wieder ein anderes Betätigungsfeld suchen, da er zu alt für seinen Sport ist. In jedem dieser Fälle ist es gut, auf ein solides Fundament zurückgreifen zu können. Daher macht es Sinn, nicht nur auf dem Platz seine Leistung abzurufen, sondern auch in der Schule Gas zu geben. Denn auch wenn es im Fußball mal nicht so läuft, helfen gute schulische Leistungen dabei, aus diesem Tief wieder herauszukommen. Sie geben Kraft, sich auch im Sport wieder richtig reinzuhängen. Andersherum ist es genauso: läuft es im Fußball richtig gut, hat man mehr Energie für die Schule.

ZEITMANAGEMENT DURCH VORAUSSCHAUENDE PLANUNG

HINWEIS FÜR ELTERN

SIE SIND GEFORDERT!

Die Schule ist immer wieder ein gern verwendetes Argument dafür, dass ein Spieler nicht viermal pro Woche am Training teilnehmen kann. Doch anstatt Entschuldigungen für Ihr Kind zu suchen und ihm damit den Weg des geringsten Widerstands zu ebnen, sollten Sie ihm die Chance geben, mit der Herausforderung des guten Zeitmanagements fertig zu werden.

Kaum etwas ist in der heutigen Zeit bedeutender als ein souveräner Umgang mit zahlreichen Terminen. Je eher man damit vertraut gemacht wird, desto weniger Probleme bekommt man damit im Erwachsenenalter.

Tipp: Planen Sie die Woche gemeinsam mit Ihrem Kind und geben Sie die nötigen Hilfestellungen. Innerhalb von kurzer Zeit wird es eine Routine entwickeln und eigenständig Lösungen entwickeln. Gemeinsam kann so auch besprochen werden, wo noch Zeitreserven liegen und wo dementsprechend Zeit eingespart werden kann.

PRIORITÄT BILDUNG UND AUSBILDUNG

Selbstverständlich ist gutes Zeitmanagement nicht die Lösung aller Probleme. Es steht außer Frage, dass die Schule in Zeiten von Klassenarbeiten oder Abschlussprüfungen absolute Priorität genießt.

Bildung ist definitiv ein wichtiger Teil des Lebens. Auch wenn man ein noch so hoffnungsvolles Talent ist, gibt es zahlreiche Stolpersteine auf dem Weg zum Profi bzw. während der Karriere. Daher ist es unbedingt notwendig, dass Bildung bzw. Ausbildung in den entscheidenden Phasen Vorrang hat.

UNTERSCHIEDLICHE BILDUNGSWEGE

Ist die Jahrgangsstufe zehn erfolgreich abgeschlossen, stellt sich die Frage, ob die Schullaufbahn fortgesetzt oder eine Ausbildung begonnen werden soll. In der Regel raten Vereine ihren Spielern dazu, weiterhin zur Schule zu gehen, da einem Schüler durch die Unterrichtszeiten, eventuelle Schulkooperationen und natürlich durch die Schulferien ein ganz anderes Zeitbudget zur Verfügung steht als einem Fußballer, der eine Ausbildung absolviert.

Allerdings gibt es auch Vereine, die mit Ausbildungsbetrieben, Berufsaufbauschulen und Fachoberschulen kooperieren, sodass reibungslose Abläufe gewährleistet sind. Grundsätzlich ist es sinnvoll, immer den höchstmöglichen Abschluss anzustreben, um die Voraussetzungen für ein Leben nach dem Sport zu schaffen. Klubs wie die SpVgg Greuther Fürth, der VfL Wolfsburg, der FC Schalke 04 oder der FC Bayern München bieten inzwischen eigene Studiengänge an, die sich mit der Sportlerkarriere gut kombinieren lassen. Außerdem lohnt es sich, nachzufragen, ob es eine Zusammenarbeit mit Universitäten oder Fachhochschulen in der näheren Umgebung gibt.

Generell ist es zu begrüßen, wenn Spieler bewusst durchs Leben gehen und sich intellektuellen Herausforderungen ebenso gerne stellen wie sportlichen. Denn zum einen sorgt das für eine gewisse Abwechslung in der fußballerischen Karriere, zum anderen bringt diese wieder neue Impulse und Synergien für Sport und Bildung.

Natürlich gibt es auch Klubs, die ihren Spielern raten, alles auf eine Karte zu setzen und sich ausschließlich auf Fußball zu konzentrieren. Im Sinne eines „Plan B" und einer Karriere nach dem Sport ist es jedoch unbedingt ratsam, auf einen Kompromiss mit dem Verein hinzuarbeiten, der der Bildung ausreichend Raum gibt.

VERBOTE VERURSACHEN FRUST

Schlechte Zensuren in der Schule werden von Eltern oftmals zum Anlass genommen, das Fußballtraining so lange zu streichen, bis die Noten wieder besser sind. Oft führt genau dieser Mechanismus zu einer umgekehrten Reaktion: Verbote bergen ein großes Frustpotenzial und es werden nicht selten, aus einer Trotzreaktion heraus, noch schlechtere Noten geschrieben.

Tipp: Hinterfragen Sie die Gründe, die zu den schlechten Zensuren geführt haben. Spielt der zeitliche Aspekt tatsächlich eine maßgebliche Rolle, lohnt es vielleicht, über realistische Kompromisse nachzudenken (Bsp.: „Wenn du die Vokabeln bis 16 Uhr beherrschst, kannst du um 17 Uhr zum Training gehen!"). Prinzip: Belohnung.

SCHULNOTEN ALS CHARAKTERTEST

Für die Entwicklung eines Kindes ist es immer gut, in der Schule positive Erlebnisse zu haben. Dazu gehört aber auch der entsprechende Einsatz. Wenn es dem Kind gelingt, sich selbst dazu zu erziehen, engagiert zu sein, ist das ein Wesensmerkmal, das sich später durch alle Bereiche ziehen wird. Ist es in der Schule eher träge, wird sich das früher oder später auch auf den Fußball auswirken.

Tipp: Man kann das Kind auf die Probe stellen, indem man erfragt, welche Note es sich selbst im Fußball geben würde. Theoretisch müsste diese Note auch in den meisten Schulfächern angestrebt werden, da sie Spiegelbild eines ganzheitlichen Anspruchs an sich selbst ist.

WIE VIEL TRAINING IST „NORMAL"?

Leistungsfußball:	4-5 x pro Woche
Freizeitfußball:	2-3 x pro Woche

SPORT ALS ERZIEHUNGSAUFTRAG

Da sich die Freizeitgestaltung von Kindern und Jugendlichen nicht mehr vorwiegend auf Bewegungsspiele im Freien fokussiert, sondern die freie Zeit häufig im Sitzen vor Computern und Spielekonsolen zugebracht wird, liegt es an den Eltern, ihren Kindern die Wichtigkeit von Sport und Bewegung zu vermitteln. Neben Ethik und Moral sollten auch sportliche Werte Teil des Erziehungsauftrags sein. Angesichts der Tatsache, dass immer mehr Kinder in Deutschland unter Übergewicht leiden, wird diese Aufgabe immer wichtiger. 15 Prozent der Drei- bis 17-Jährigen überschreiten das Normalgewicht teilweise deutlich.[69] Unverantwortlich ist es, die Kinder sehenden Auges dem Risiko langfristiger gesundheitlicher Folgen von Übergewicht, wie zum Beispiel Stoffwechselproblemen, auszusetzen.

„Einer Studie aus den USA zufolge, neigen übergewichtige Kindergartenkinder dazu, auch in der Schulzeit und als Teenager zu viele Pfunde mit sich herumzutragen. Für die Untersuchung begleiteten die Wissenschaftler 7.700 Kinder, die 1998 in USA in den Kindergarten kamen, vom Kindergarten (als Fünfjährige) bis in die achte Klasse (als 14-Jährige). In der Zeit erfassten sie siebenmal die Größe und das Gewicht der Kinder. Als sie in den Kindergarten kamen, waren zwölf fettleibig und 15 Prozent übergewichtig. In der achten Klasse hatten sich 21 Prozent zu fettleibigen Kindern entwickelt (mehr als jedes Fünfte), 17 Prozent waren übergewichtig.

Fast die Hälfte der Kinder, die übergewichtig in den Kindergarten starteten, wurden fettleibige Teenager. Damit hatten Kinder, die schon als Fünfjährige übergewichtig waren, ein vierfach höheres Risiko, sich zu einem viel zu dicken Schüler zu entwickeln, als normalgewichtige Kindergartenkinder (32 Prozent im Vergleich zu 8 Prozent).

Einen Großteil der überschüssigen Pfunde sammelten die Kinder schon sehr früh. Während des Kindergartenjahrs entwickelte jedes 20. Kind, das zu Beginn nicht fettleibig war, starkes Übergewicht. Die größte Gewichtszunahme dokumentierten die Forscher bei den Fünf- bis Achtjährigen. Im Alter von elf bis 14 änderte sich nur noch wenig am Übergewicht."[70]

Demnach scheint ein bedeutender Teil des Risikos für Übergewicht in ganz jungen Jahren festgelegt zu werden. Daher sollte auch schon in diesem Alter großer Wert auf viel Bewegung und gesunde Ernährung gelegt werden. Die Verantwortung hierfür liegt vollständig bei den Eltern (siehe Kap. 4.7.1 „Eltern").

4.6 KOMMUNIKATION

Kommunikation sorgt grundsätzlich für Transparenz, Verständnis und Klarheit. Ein guter und offener Austausch mit allen Beteiligten ist enorm wichtig, damit Spieler und Eltern z. B. die Entscheidungen des Trainers verstehen. Zudem sollten sie nachvollziehen können, was der Trainer verlangt und was der Verein erwartet. Wichtig bei diesem sogenannten *Zielgespräch* ist eine klare und verständliche Ausdrucksweise sowie eine gewisse Offenheit für den Gesprächspartner. Der Spieler und seine Eltern sollten stets reflektieren, wie ihre Aussagen auf Verein, Trainer oder Mitspieler wirken.

KOMMUNIKATIONSEBENEN

Spieler-Trainer:

- Alle persönlichen Begegnungen
  → Begrüßung, Smalltalk, Vorbereitung auf das Spiel, Feedback nach dem Spiel, generelle Beurteilungsgespräche
- Krankmeldungen (immer persönlich am Telefon, nie per SMS etc.)

Spieler-Verein:

- Alle persönlichen Begegnungen mit Mitarbeitern
  → hierbei ist es gut, zu wissen, wer welche Funktion und welchen Namen hat
- Im Leistungsfußball Begegnungen von Spielern und Führungsebene (z. B. Vertragsgespräche)

Rund ums Spiel:

- Begrüßung
- Gespräche mit Mitspielern
- Gespräche mit den Trainern

- Gespräche mit den Verantwortlichen
- Gespräche mit den Betreuern
- Gespräche mit den Gegnern
- Gespräche mit den Schiedsrichtern
- Gespräche mit dem Platzwart/Hausmeister

Während des Spiels:
- Interaktion mit Zuschauern
- Interaktion mit Mit- und Gegenspielern
- Interaktion mit den Trainern

Nach dem Spiel:
- Interaktion mit Zuschauern
- Interaktion mit Mit- und Gegenspielern
- Interaktion mit den Trainern
- Gespräche mit Medienvertretern
- Gespräche beim Essen in der Vereinsgaststätte/dem VIP-Raum

Spieler-Medien:
- Vereins-Homepage und Social Media
- Lokale Medienvertreter
- Eigene Social-Media-Aktivitäten

Spieler-Berater:
- Unterbreiten von Angeboten
- Regelmäßige Gespräche

Spieler-Sponsoren:
- Ausrüster, die Einzelsportler unter Vertrag nehmen
- Ausrüster, die den Verein ausstatten
- Ein Sportgeschäft, das den Verein unterstützt

DAS GESPRÄCH MIT DEM TRAINER

Ein wichtiger Teil der Kommunikation ist das Gespräch mit dem Trainer. Nicht umsonst liest man bei Profis oft etwas von einem intensiven Austausch zwischen Trainer und Spieler. Auch wenn manchem Fußballer der direkte Austausch mit dem Trainer auf den ersten Blick unangenehm erscheinen mag, kann es für ihn von großem Nutzen sein. Daher sollte man ab und an selbst die Initiative ergreifen und sich von seinem Coach ein Feedback einholen über:

- die Trainingsleistungen,
- die Leistung im vergangenen Spiel,
- die eigene Entwicklung,
- die Erwartung des Trainers,
- eventuelle Ratschläge.

Solche Informationen dienen als Leitfaden: Worauf sollte man achten, wie kann man sich verbessern? Außerdem bietet ein Gespräch dem Spieler die Möglichkeit, bestimmte Situationen aus seiner Sicht zu schildern: Unkonzentriertheiten im Training als Folge von Schulstress o. Ä. Diese Dinge sollte ein Trainer wissen, damit er die Leistung des Spielers richtig einordnen kann. Gleiches gilt bei Unzufriedenheit des Spielers, der vielleicht nicht so viel Einsatzzeit bekommt, wie erhofft. Gemeinsam kann man nach einer Lösung suchen. Manchmal hat ein solcher Austausch gar keine negativen Aspekte zum Inhalt. Dann weiß man, dass man sich auf dem richtigen Weg befindet.[71]

UMGANG MIT EXTERNEN MEDIEN

Gerade im Zusammenspiel mit den Medien muss dem Spieler bewusst sein, dass er mit jeder getätigten Aussage ein bleibendes Bild in der Öffentlichkeit hinterlässt. Wenn er sich auf einem Themengebiet nicht auskennt oder unsicher ist, sollte er die Aussage verweigern, oder auf jemanden verweisen, der sich zu der Fragestellung kompetenter äußern kann. In größeren Klubs ist es zudem sinnvoll, Medientermine mit der entsprechenden Abteilung abzustimmen. Auf diese Weise kann ein Mitarbeiter der Medienabteilung dem Spieler beratend zur Seite stehen.

Vor allem in der Jugend sollte der Fußballer mit seinen Eltern oder seinem Berater absprechen, ob er Interviews gibt. Denn jedes Statement führt zu einer gesteigerten Erwartungshaltung in der Öffentlichkeit. Manche Eltern tendieren dazu, von sich aus die lokale Presse anzusprechen, damit diese über ihr Kind berichtet. Zuvor sollten Sie sich jedoch die Frage stellen, ob eine solche mediale Aufmerksamkeit Ihrem Kind hilft und wie diese beim Verein gesehen wird. Generell gilt es zu beachten, dass die meisten Texte, die online publiziert werden, im Internet über eine sehr lange Zeit auffindbar sein werden. Beim Eintritt ins Berufsleben und den ersten Bewerbungen ist davon auszugehen, dass der Personalrat den Namen googelt und dabei auf das Interview/den Text stoßen wird. Und dann bleibt die Frage, ob ein Interview eines 14- oder 15-Jährigen, in dem er z. B. seine sportlichen Ziele selbstbewusst formuliert, zu einem positiven Bild beiträgt.

In jedem Falle ist es wichtig, zu wissen, dass es ein Recht auf Zitatfreigabe gibt. Das heißt, dass der Journalist die verwendeten Aussagen an den Spieler, dessen Eltern oder die Presseabteilung des Vereins senden sollte, damit diese überprüft und gegebenenfalls sprachlich wie inhaltlich korrigiert werden können.

UMGANG MIT SOCIAL MEDIA

Moderne Kommunikationswege machen Menschen transparenter und kontrollierbarer. Das beginnt damit, dass bei Diensten wie *WhatsApp®*, *Snapchat* oder *iMessage®* angezeigt wird, wann man zuletzt online war bzw. wann man eine Nachricht gelesen hat. Solche Informationen können zu einer negativen Meinungsbildung führen. So zum Beispiel beim Trainer, der sehen kann, dass sein Spieler in der Nacht vor einem Spiel um 3.30 Uhr zum letzten Mal aktiv war. Dies kann zu Unstimmigkeiten zwischen Trainer und Spieler führen.

Darüber hinaus besitzen soziale Netzwerke wie *Facebook®* oder *Instagram®* einen hohen Stellenwert in der Interaktion zwischen Menschen, aber auch in der Wahrnehmung durch die Öffentlichkeit und ggf. durch Journalisten, die Hintergrundinformationen sammeln möchten. Der Satz „das Internet vergisst nichts" weist völlig zu Recht darauf hin, dass Inhalte, die einmal online waren, nur sehr schwer bzw. gar nicht mehr gelöscht werden können. Deswegen ist ein verantwortungsvoller Umgang bei der Nutzung dieser Kanäle unerlässlich.

Bewegt man sich auf diesen Plattformen, sollte man sich eine gewisse **Medienkompetenz** aneignen. Diese beginnt bereits beim Erstellen des eigenen Profils. Hier kann man festlegen, mit welchen Gruppen von Menschen man bestimmte Inhalte teilt, wie man in dem Netzwerk auftritt und was man von sich preisgibt. Durch die Inhalte schafft man eine virtuelle Persönlichkeit, die im privaten Umfeld und auch in der Öffentlichkeit wahrgenommen wird. Dessen muss man sich bewusst sein. Das Gleiche gilt für Bilder, schriftliche Beiträge, Kommentare und Interaktionen mit anderen. Man trägt die volle Verantwortung dafür und muss notfalls auch mit den Konsequenzen leben. Es gilt also, gewissenhaft zu filtern, was man von sich preisgibt.

Spieler sollten generell keine Nachrichten verbreiten, die dem Ruf des Vereins, der Verantwortlichen, der Mitarbeiter oder ihrer eigenen Mannschaftskollegen schaden. Natürlich gehören auch Informationen über den Kader, die Aufstellung sowie über Verletzungen nicht in die Öffentlichkeit. Ein Leitfaden könnte sein, dass man nichts verbreitet, was bei Veröffentlichung in den Medien unangenehm sein würde. Schon beim geringsten Zweifel, ob ein Post/ein Tweet problematisch sein könnte, sollte man diesen verwerfen. Denn das Internet vergisst nicht und nichts!

Sobald jemand einen Screenshot gemacht hat, ist der jeweilige Beitrag „unsterblich" und kann nachträglich, eventuell sogar in einem anderen Zusammenhang, wieder auftauchen.

Um die Gewissheit zu haben, dass niemand auf das eigene Social-Media-Profil zugreifen kann, ist es wichtig, den Account mit einem sicheren Passwort zu schützen und auch das Handy mit einer (Code-)Sperre zu versehen. Auch ungewollte Kontaktaufnahmen sollten vermieden werden, indem man sie zum einen ignoriert, zum anderen die entsprechenden Personen sperrt.

Das Smartphone ist zum dauerhaften Begleiter geworden. Ständig zücken Menschen ihr Handy. Das Geschehen um sie herum wird dabei, leider, viel zu oft ignoriert. Daher schadet es nie, sich aufs Wesentliche zu konzentrieren, wie auch Borussia Mönchengladbachs Abwehrchef Martin Stranzl zu bedenken gibt: „Da sitzt du die ganze Zeit nur noch da und starrst auf dein Display wie die anderen in der Kabine, im Bus, vor dem Spiel, nach dem Training. Spieler posten Fotos hier, texten da. Ich finde schade, wenn Fußball nur noch ein Wirtschaftsunternehmen ist, in dem man sich über Social Media persönlich vermarktet. Das Eigentliche, das Fußballspielen, tritt immer mehr ins Hintertreffen."[72]

4.7 MIT RAT UND TAT: DAS UMFELD DES SPIELERS

Trainer, Eltern, Lehrer, Freunde, Berater – das Spektrum der Personen, die einen Spieler während der fußballerischen Laufbahn (mehr oder weniger intensiv) begleiten, ist groß. Umso wichtiger ist es, sich mit den „richtigen" Personen zu umgeben. Schließlich braucht jeder Sportler Unterstützung, ob an der Seitenlinie oder abseits des Fußballplatzes. Dabei liegt es an ihm selbst, sich Weggefährten zu suchen, die ihn in erster Linie bei seiner großen Leidenschaft unterstützen, ihm aber gleichzeitig eine Lebenswelt und somit eine Identität außerhalb des Sports bieten und ihm darüber hinaus eine gewisse Selbstständigkeit abverlangen.

Nils Gatzmaga, Sportpsychologe im NLZ des SC Paderborn, umschreibt die Bedeutung eines intakten Umfeldes folgendermaßen: „,Die Jungs sind früh der Star in ihrem Umfeld und werden schon mit 15, 16 Jahren auf die Fußballeridentität reduziert. Doch ist es enorm wichtig, auch neben dem Fußball Lebensrealitäten zu entwickeln.' Denn ohne andere Inhalte fiele es erheblich schwerer, mit Rückschlägen umzugehen."[73]

4.7.1 ELTERN

Vertrauensoase: Von klein auf sind die Eltern immer mit dabei und begleiten ihr Kind in der Regel ihr ganzes Leben lang. In Sachen positiver Unterstützung sind sie nicht wegzudenken und kaum zu ersetzen. Sie sind als Wegbegleiter, Rückhalt und Vertrauenspersonen da, um das Kind z. B. aufzufangen, wenn es an einer langwierigeren Verletzung laboriert oder wenn es ein Leistungstief durchschreitet. Doch diese liebevolle Unterstützung darf sich nicht in Druck verwandeln. Ein schmaler Grat, wie das nun folgende Beispiel veranschaulichen soll: Jedes Kind freut sich, wenn seine Eltern ein Spiel anschauen. Schießen diese bei Erfolgserlebnissen mit ihrer Freude übers Ziel hinaus, kann beim Kind der Eindruck entstehen, bei Niederlagen verkehre sich die überschwängliche Freude in eine mindestens ebenso große Enttäuschung.

Genauso suggeriert die Frage: „Hast du ein Tor geschossen?", beim Nachhausekommen des Kindes, dass die Eltern Treffer von ihm erwarten. Keiner wird eine auf diese Weise formulierte Frage gerne mit „Nein" beantworten. Besser wäre es, zu fragen: „Wie war das Spiel? Hattet ihr Spaß?" Den Rest wird das Kind von ganz alleine erzählen.

Die Herausforderung unserer Leistungsgesellschaft muss es sein, den Kindern zu vermitteln, dass sie auch dann gute und wertvolle Menschen sind, wenn sie im Sport oder in der Schule hinter den Erwartungen bleiben. Ansonsten werden sie im späteren Leben ihr Selbstwertgefühl ausschließlich aus jeder Form von leistungsorientierter Handlung beziehen und sich nur über Erfolge definieren. Davon sollte man sich lösen. Denn das kann schon früh zu einer Art Kettenreaktion führen: Läuft es in der Schule beispielsweise schlecht, wird das Kind sich große Mühe geben, diesen Misserfolg durch gute Leistungen auf dem Platz auszugleichen. Folge: Diese Kompensation kann zur Verkrampfung führen.

Außerdem fördert diese Art von Druck, gepaart mit Selbstzweifeln, schlechte menschliche Eigenschaften zutage. Ängste und Aggressionen kommen noch stärker zum Vorschein, wenn der Selbstwert nur an den Leistungen eines Menschen gemessen wird.

Daher bedarf es in jeder Situation einer realistischen Selbsteinschätzung des Sportlers, die durchaus durch das Elternhaus positiv gesteuert werden kann. Das bedeutet, dass man zum Beispiel nach einem Vereinswechsel nicht erwarten sollte, sofort Stammspieler zu sein. Wenn man als Jungjahrgang in die U 19 aufrückt, ist die Wahrscheinlichkeit ebenfalls hoch, nicht direkt zur ersten Elf zu gehören. Auch bei Auswahllehrgängen kann es sein, dass mal ein anderer Spieler eingeladen wird – entweder, weil der Trainer sich auch von ihm einen persönlichen Eindruck verschaffen möchte, oder weil er einfach besser ist. Wichtig ist stets eine der Situation angepasste Erwartungshaltung.

Entscheidend ist, sich ein dickes Fell anzueignen und manche Dinge einfach hinzunehmen, ohne daran zu verzweifeln. Anstatt Schuldige im unmittelbaren Umfeld zu suchen und sich über den Trainer zu beschweren, wird es sich auszahlen, mit dem nötigen Durchhaltevermögen und der entsprechenden Gelassenheit seine Leistung zu bringen.

Im Falle einer Verletzung ist die Rolle der Eltern sehr wichtig. Sie sollten sich mit Unterstützung des Vereins darum bemühen, dass ihr Kind die bestmögliche medizinische Versorgung erhält. Gerade dann, wenn Beschwerden länger andauern, gilt es, diese endgültig abzuklären, um Langzeitfolgen zu vermeiden. Es kommt nicht selten vor, dass Kinder unbedingt wieder Fußball spielen möchten und daher verheimlichen, dass sie noch immer Schmerzen haben. Doch niemand kennt sein Kind so gut, wie die eigenen Eltern, die den Genesungsverlauf genau beobachten, begleiten, unterstützen und kontrollieren sollten.

Inhaltliche Kritik: Inhaltlich können Eltern zum Sport ihres Kindes in der Regel nicht so viel beisteuern und sollten sich daher in diesem Bereich zurückhalten. Für Spieler wie für Eltern ist es nämlich oft sehr schwer, Abläufe im Trainingsprozess zu erkennen. Das Ziel des Ausbildungsprozesses wird meist erst am Schluss verstanden, aber der Weg dorthin ist für viele zunächst ein Rätsel. Vergleichbar ist dies mit einem Puzzle, das rund 5.000 Teile hat. Setzt man dieses zusammen, erkennt man erst bei den letzten 50 Teilen, welches Bild es ergeben wird. Beim „Puzzle" der fußballerischen Ausbildung kennt nur der (sehr gute) Trainer vorher dieses Bild. Der Spieler und die Eltern sehen das Endprodukt oft erst, wenn es fertig gestellt ist, während der Trainer über den kompletten Ausbildungsprozess hinweg darauf achtet, dass alle Einzelteile richtig zusammengefügt werden. Aufgrund seines Wissensvorsprungs benötigt der Trainer von Spielern und Eltern einen Vertrauensvorschuss, um seine Arbeit gewissenhaft durchführen zu können.

INTERVIEW
HERMANN HUMMELS: KEIN CHAMPIONS-LEAGUE-FINALE WIRD DURCH REINRUFEN DER ELTERN ENTSCHIEDEN

Hermann Hummels ist ein Mann, der viele Facetten des Fußballs aus eigener Erfahrung kennt. Er ist Vater der beiden Profifußballer Jonas und Mats Hummels, war selbst als Spieler aktiv und begann in der Oberliga beim SV Wehen Wiesbaden seine Trainerkarriere. Später coachte er den 1. FSV Mainz 05 in der Zweiten Bundesliga und war danach lange Jahre als Nachwuchstrainer beim FC Bayern München aktiv, wo er bis 2012 auch als Jugendkoordinator arbeitete. Daher ist ihm die Rolle der Spielereltern auf allen Ebenen bestens vertraut.

Hermann Hummels, Sie wissen wie kaum ein Zweiter, wie wichtig das soziale Umfeld für einen jungen Spieler ist, denn Sie kennen die Rollen als Spielervater, Jugendtrainer und Nachwuchskoordinator gleichermaßen. Welchen Rat können Sie Eltern geben, die ihr Kind bestmöglich unterstützen wollen?
Es ist wichtig, mit seinem Kind so normal umzugehen wie möglich. Vielleicht so, als würde es eine Sportart betreiben, die nicht so eine große Außenwirkung besitzt wie der Fußball und mit der man später nicht so viel Geld verdienen kann. Natürlich lieben Eltern ihre Kinder über alles und möchten ihnen viele Dinge ermöglichen. Sie dürfen dabei aber die Erziehung nicht außer Acht lassen und sollten ihnen nicht alles abnehmen. Das heißt natürlich nicht, dass das Kind mit dem Fahrrad zum Training fahren soll. Aber nehmen wir mal das Beispiel eines 15-Jährigen, der seine erste Einladung zu einer Maßnahme des DFB erhält. Sie können davon ausgehen, dass am nächsten Morgen bereits sechs Berater angerufen haben. Der Spieler kann nichts für den Hype, es ist die Umgebung, die darauf drängt. In solchen Momenten ist es wünschenswert, dass es dem engeren Umfeld des Fußballers gelingt, diese Entwicklung, bildlich gesprochen, auf kleinerer Flamme zu kochen. Denn zu viel Sonne tut jungen Pflanzen nicht gut. Verlässt man die Normalität zu früh, wirkt sich das definitiv kontraproduktiv aus.

Was halten Sie von Eltern, die am Spielfeldrand stehen und lautstark ihr Kind coachen?
Gar nichts! So etwas habe ich selbst nie gemacht. Ich bin ein schlechterer Sportler als mein Sohn, warum also soll ich ihm Tipps geben? Man sollte sich immer vor Augen führen, dass Finalspiele der Champions League oder der Weltmeisterschaft auch nicht durch das Reinrufen von Eltern entschieden werden. Die Spieler müssen selbst am besten wissen, was zu tun ist. Eine gewisse Entscheidungsfreude und vor allem sichere Entscheidungen entstehen doch erst dadurch, dass Fußballer Dinge selbst ausprobieren und lernen, ihre eigenen Entscheidungen zu treffen. Ähnliches gilt im Übrigen für die Fahrten vom Spiel oder Training nach Hause. Es ist keineswegs förderlich, seinem Kind auf der gesamten Fahrt aufzuzeigen, was es alles falsch gemacht hat. Das erzeugt einen unnatürlichen Druck. Sicherlich braucht ein Kind Aufmerksamkeit, man sollte ihm aber auch die Ruhe gewähren, das zu tun, woran es Spaß hat.

Wie wichtig ist für junge Spieler das Leben außerhalb des Fußballs?
Es sollte ganz normal sein, sich ein Leben außerhalb des Fußballs zu bewahren. Natürlich geben Leistungssportler dieses ein Stück weit ab. Denn in den Nachwuchsleistungszentren sind bereits die 15-Jährigen extrem fokussiert. Aber, statistisch gesehen, schaffen es häufiger die Spieler ganz nach oben, die lange in ihrem Elternhaus gewohnt haben, weil sie ihre Familie und Freunde länger um sich herum hatten. Diese sehen nicht nur den Fußballer, sondern auch den Menschen in ihnen.

In welchen Momenten sollten Eltern eingreifen, in welchen sich lieber bedeckt halten?
Im besten Falle verhalten sich die Eltern so, wie sie es für richtig halten. Sie kennen ihre Kinder am besten und längsten, haben die unverfänglichsten und damit die besten Interessen. Das bedeutet aber auch, dass man mutig ist, seinen Erziehungsauftrag wahrnimmt, und offen anspricht, wenn etwas falsch läuft. Dabei denke ich z. B. an Themen wie, die Schule zu schmeißen, oder an einen verrückten Wechsel ins Ausland.

Wie sollte der Kontakt zwischen Eltern und Verantwortlichen, insbesondere dem Trainer, im Idealfall aussehen?
Eltern sollten nicht zu früh, aber keinesfalls zu spät oder gar nicht mit den Verantwortlichen in Kontakt treten. Natürlich darf man besorgt um sein Kind sein, aber auch nur in dem Maße, wie man es wäre, wenn das Kind eine andere Sportart ausüben würde.

Welche Dinge sollten Eltern ihren Kindern bewusst nicht abnehmen?
Das ist ganz unterschiedlich und muss von den Eltern individuell entschieden werden. Auch ich habe zwei Söhne, die durchaus verschieden sind. Die einen sind früh selbstständig, die anderen brauchen etwas mehr Zeit. Daher gibt es kein Patentrezept. Grundsätzlich bin ich ein Verfechter davon, dass Kinder Dinge selbst ausprobieren und ruhig auch Fehler machen sollen. Allerdings darf das nicht zu oft passieren, dann muss man als Erziehungsberechtigter eingreifen.

Ein häufiger Fall aus der Praxis im Fußball ist die Situation, dass ein Spieler acht Wochen lang auf der Ersatzbank sitzt. In dieser Phase sollte er nicht vorrangig denken, der Trainer schenke ihm kein Vertrauen und er habe sowieso keine Chance. Vielleicht steckt die Mannschaft ja mitten im Abstiegskampf und der Coach setzt auf erfahrene Kräfte. Diesen Perspektivwechsel kann ich als Elternteil anregen. Und ich kann mein Kind dazu ermuntern, jede Einheit zu nutzen, um seine Fähigkeiten weiterzuentwickeln. Denn wenn der Spieler innerhalb von acht Wochen permanent in jedem Training etwas besser wird, wird er unweigerlich irgendwann Einsatzzeiten bekommen. Doch die Leistung auf dem Platz muss der Fußballer selbst erbringen, das kann ihm niemand abnehmen.

Womit sollten sich Eltern auseinandersetzen, wenn das Thema Vereinswechsel im Raum steht?
In erster Linie sollten sie sich damit beschäftigen, ob ein Wechsel wirklich notwendig ist, denn meistens ist er das nicht. Grundsätzlich gibt es zweierlei Gründe, die Menschen bewegen, über diesen Schritt nachzudenken. Der erste ist, dass der Fußballer kein Stammspieler ist. Für mich ist das absolut nicht nachvollziehbar. In diesem Falle wäre ein Wechsel nur ein Weglaufen vor den eigenen Problemen und damit eine ganz schlechte Entscheidung. Warum soll es beispielsweise in Leipzig besser sein als in Hoffenheim? In beiden Klubs müsste man lernen, sich gegen die Konkurrenz zu behaupten.

Der zweite Grund ist die Wertschätzung, die einem Spieler entgegengebracht wird. Je älter er wird, desto wichtiger wird dieser Faktor. Man spürt Wertschätzung, sie äußert sich nicht immer in einem dicken Vertrag. Und man kann sich durchaus unter erschwerten Bedingungen entwickeln, aber nur, wenn die nötige Wertschätzung vorhanden ist. Ist das nicht der Fall, kann man darüber nachdenken, ob ein Vereinswechsel sinnvoll ist. Eltern und Berater müssen die Situation ganz sorgsam beurteilen und gemeinsam mit dem Spieler entscheiden. Es gibt außerdem strategische Wechsel, für die ich ebenfalls ein Beispiel anführen möchte: Wenn man im Jahr 2015 U-19-Torwart beim FC Bayern

München ist, dann weiß man, dass der Platz der Nummer eins in der Profielf noch auf Jahre an Manuel Neuer vergeben ist. Einem Ersatztorwart böte sich auch mittel- und langfristig nur äußerst selten die Chance, zu spielen. Daher kann auch in diesem Falle ein Wechsel für die persönliche Entwicklung die bessere Entscheidung sein.

EINFLÜSSE DES UMFELDES

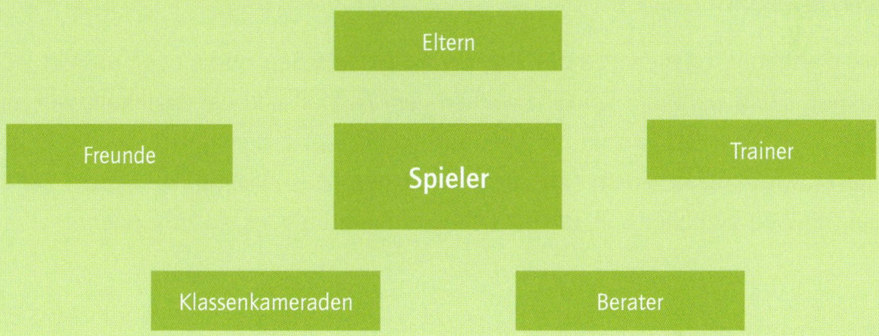

4.7.2 FREUNDE

Je mehr einen der Fußball neben der Schule und anderen Verpflichtungen zeitlich in Anspruch nimmt, desto schwieriger wird es, viele Freundschaften zu pflegen. Nicht jeder hat Verständnis dafür, dass man samstags relativ früh schlafen gehen muss, weil man am Sonntagmorgen ein Spiel hat. Deswegen gilt hier die Devise: weniger ist mehr. Es ist besser, wenige Freundschaften intensiv zu pflegen, als ganz viele Freunde zu haben, deren Freundschaft jedoch nur oberflächlich ist. Verlassen kann man sich, wenn es drauf ankommt, nur auf die wenigen engen Freunde, denen man wirklich etwas bedeutet und die einen so akzeptieren, wie man ist – mit all den Verpflichtungen, die zur Lebensrealität gehören.

Weniger ist mehr.

Grundsätzlich lässt sich der Freundeskreis in zwei Typen einteilen.

Unterstützung: Ein Teil der Freunde teilt die Leidenschaft zum Fußball und liefert volle Unterstützung für den Spieler. Hier gilt es, nur darauf zu achten, dass aus dem geteilten Hobby kein Neid erwächst, falls der Spieler sehr erfolgreich ist.

Ausgleich: Ein anderer Teil des Freundeskreises interessiert sich vielleicht gar nicht für Fußball. Dort wird der Spieler auch nicht über fußballerisches Können oder darüber, wie viele Tore er geschossen hat, definiert, sondern allein über seine Persönlichkeitseigenschaften. Als Ausgleich zum Sport und um „auf dem Teppich zu bleiben", kann ein solcher Freundeskreis extrem hilfreich sein.

FREUNDIN/FREUND

In einer Beziehung ist die Unterstützung der fußballerischen Ambitionen absolut wünschenswert. Denn wenn ein Spieler zwischen dem Fußball und der Beziehung hin- und hergerissen ist, weil der Partner ihn eben nicht unterstützt, beeinflusst das die fußballerische Entwicklung in jedem Falle negativ. Daher ist es wichtig, zu wissen, wo der persönliche Weg hingehen soll, um die richtigen Prioritäten setzen zu können.

4.7.3 TRAINER[74]

Der Trainer ist die zentrale Figur, wenn es um die fußballerische Entwicklung des Spielers geht. Es ist nicht umsonst ein geflügeltes Wort, dass der Trainer „der Schlüssel" ist. Er arbeitet mit der Mannschaft, nimmt die Trainingssteuerung vor, motiviert, beschäftigt sich mit dem Einzelnen und mit der Gruppe, greift auf und neben dem Platz korrigierend ein. Damit hält er, bezogen auf das Team, die Fäden in der Hand. Er ist für die Entwicklung von Körper, Geist, Persönlichkeit und Emotionen verantwortlich. Daher ist es wichtig, auf einen qualifizierten Trainer zu setzen, bei dem man gefördert wird und der sein Wissen gut vermitteln kann.

WORAN ERKENNT MAN EINEN GUTEN TRAINER?

Ein guter Trainer muss unglaublich facettenreich sein, um mit einer Mannschaft erfolgreich arbeiten zu können. Er ist eben nicht nur ein Fußballtrainer, sondern auch Lehrer,

Mensch und Pädagoge. Er muss seinen Spielern Kraft, Selbstvertrauen und Vertrauen schenken und ihnen den nötigen Freiraum zur Entwicklung gewähren.

Ein guter Trainer ...

- ... respektiert und kennt seine Spieler. Nur so kann er sie weiterentwickeln.
- ... hat einen realistischen Plan für den Einzelnen und für die Mannschaft. Dieser Plan muss zu bewältigen sein, damit er immer wieder zu Erfolgserlebnissen führt.
- ... weiß die individuellen Fähigkeiten eines Spielers richtig einzuschätzen und findet den besten Weg für jeden Einzelnen.
- ... vermittelt seinen Spielern Selbstvertrauen, damit sie in Drucksituationen auf und neben dem Platz die richtigen Entscheidungen treffen.
- ... ist fordernd und führt die Spieler immer wieder an ihre Grenzen und darüber hinaus. Nur so kristallisiert sich heraus, wer die nötige Mentalität mitbringt, wer mehr „beißt“ und wer mehr will.
- ... ist nicht nur ein guter Theoretiker, sondern lässt seine Spieler Bewegungsabläufe in der Praxis einstudieren, damit sie diese verstehen und verinnerlichen.
- ... kann sich verständlich mitteilen und dadurch sein Wissen vermitteln. Alles Fachwissen nützt nichts, wenn die Spieler ihn nicht verstehen.
- ... kann Spieler auf der emotionalen Schiene erreichen, inspiriert und motiviert sein Team und entfacht die Begeisterung für den Fußball immer wieder neu.
- ... kann den Spielern über das Fachliche hinaus durch den Sport Lehren für das Leben mitgeben und verkörpert damit die Idee einer ganzheitlichen Ausbildung.

KOMMUNIKATION ALS GRUNDLAGE

Basis einer guten Trainerarbeit ist es, angemessen mit den Spielern umzugehen. Das bedeutet, dass ein Trainer seinen Spieler so gut kennen muss, dass er weiß, wann er ihn in welchem Maße belasten kann. Dabei geht es nicht nur um die körperliche Belastbarkeit. Vielmehr geht es darum, ihn als Person ganzheitlich zu verstehen, um individuell auf ihn eingehen zu können. Vielleicht ist z. B. ein Leistungstief durch Probleme im privaten oder schulischen Umfeld begründet. Vielleicht gibt es Verhaltensmuster, die durch Erlebnisse in der Vergangenheit begründet sind. Zahlreiche Einflussfaktoren spielen eine Rolle, weswegen es in der Führung von Menschen niemals Routine gibt.

Daher ist für einen Trainer eine stetige intensive Kommunikation unerlässlich, um seine Spieler richtig einschätzen zu können. Dafür muss er mitunter aktiv auf sie zugehen, denn nicht jeder Spieler ist so extrovertiert, dass er von sich aus das Gespräch sucht. Dieses ist im Übrigen auch dafür da, die Eigenmotivation der Teammitglieder zu fördern. Das geschieht über die Definition individueller und gemeinsamer Ziele und einer bestimmten Rollenverteilung innerhalb der Mannschaft, aus der eine Gruppendynamik erwächst.

Bundestrainer Joachim Löw beschreibt es wie folgt: „Wenn ich jemanden wie Gomez oder Neuer motivieren müsste, würde ich etwas falsch machen. Ich versuche, bei den Spielern durch intensive Kommunikation zu erreichen, dass ihre eigene Motivation steigt. Mit ihnen zusammen formuliere ich Ziele, erkläre ihnen: Das sind deine Stärken, die musst du effektiv einbringen; das sind deine Schwächen, hier musst du mehr tun."[75]

Thomas Tuchel setzt ebenfalls darauf, dass die Begeisterung für das Spiel, aber auch die Spielidee, aus dem Kreise der Spieler kommt und ihren besonderen Fähigkeiten entspricht: „Ich bin ein Verfechter des Fußballs, der die Qualitäten der Spieler hervorhebt. Deshalb möchte ich derjenige sein, der den Spielern hilft, das Beste aus sich rauszuholen. Mir war sehr früh in der Vorbereitung klar, dass die Spieler große Lust darauf haben, den Ball zu besitzen und mit ihm zu spielen und dass sie enorme Qualitäten dabei entwickeln können. Deswegen haben sich die Spiele automatisch in diese Richtung verlagert. Mir ist wichtig, dass wir nicht meiner Idee hinterherlaufen, sondern dass wir gemeinsam erkennen, was unsere Qualitäten sind und ihnen vertrauen. Aus dieser Struktur heraus versuchen wir unsere Spiele zu gewinnen."[76]

Aus beiden Statements erschließt sich, wie wichtig es für einen Trainer ist, das Team in seine Gedanken einzubeziehen und in einem bestimmten Maße transparent zu sein. Auf diese Weise gewinnen die Spieler zum einen Vertrauen in ihr eigenes Können, haben zum anderen aber auch einen Grund, dieses Können wirklich abzurufen, da es aus ihnen selbst heraus kommt. Denn sie sind es ja, die ihre Stärken einbringen, ihre Ziele definieren und somit auch wirklich hinter dem stehen, was auf dem Platz geschieht. Der Trainer schafft lediglich die Rahmenbedingungen, die dazu dienen, Spitzenleistungen zu erbringen.

Jürgen Klopp beschreibt den Prozess, der im Trainingsbetrieb abläuft, so: „Motivation ist ja das, was du unter der Woche machst. (...) Du musst unter der Woche jeden Einzelnen so behandeln, dass er das Gefühl hat, er kann die Aufgabe stemmen, die am Wochenende kommt. Und dann setzt die unmittelbare Motivation ein, über die wir den Willen aktivieren, also Gründe liefern, warum es sich so besonders lohnt, heute über sich hinauszuwachsen."[77]

SPIELNAHES TRAINING

Darüber hinaus ist es wichtig, so zu trainieren, wie man spielt, gerade hinsichtlich des Tempos. Hält man sich diesbezüglich im Training zurück, wird man das auch im Spiel tun. Gibt man jedoch im Training Vollgas, wird die Mannschaft auch im Wettkampf kaum zu bremsen sein. Es ist ein Balanceakt für jeden Trainer, die Einheiten mit der nötigen Lockerheit anzugehen, aber in den einzelnen Übungen und Spielformen die nötige Ernsthaftigkeit, Konzentration und Spannung einzufordern. Spielnahes Training beinhaltet aber auch, dass die Spieler eigene Erfahrungen sammeln und sich nicht nur theoretisches Wissen aus den Erzählungen des Trainers aneignen sollen. Durch das selbst Erlebte prägen sich Dinge viel besser ein und es ist einfacher, einen eigenen Stil zu finden.

AUTHENTISCH SEIN UND KLARE REGELN AUFSTELLEN

Um nachhaltig ernst genommen zu werden, bedarf es einer gewissen Authentizität und Menschlichkeit. Um im Mannschaftsverbund ernst genommen zu werden, ist es wichtig, dass es klare und verbindliche Regeln gibt, die für alle gleichermaßen gelten. Sollte es aus einem konkreten Anlass heraus nötig sein, Ausnahmen zu machen, muss auch das dem gesamten Team klar und eigeninitiativ kommuniziert werden. Ansonsten entsteht ein Gefühl der Benachteiligung bei den anderen Spielern, was die Gruppendynamik und das Standing des Trainers innerhalb der Mannschaft negativ beeinflusst.

Authentizität bedeutet aber auch, dass ein Trainer durchaus Fehler machen darf, diese dann aber auch eingestehen sollte. Eine aufrichtige Entschuldigung beeindruckt viel mehr als Ausflüchte und Rechtfertigungen. Für Trainer gilt ebenso wie für Spieler: Aus Fehlern lernen! Es ist der Prozess des lebenslangen Lernens, dem sich auch der Trainer verschreiben sollte.

Daher ist es wünschenswert, dass er über ein gewisses Maß an Selbstreflexion verfügt, damit er erkennt, in welchen Bereichen er sich weiterentwickeln kann, um seinen Spielern auch in dieser Hinsicht Vorbild zu sein.

4.7.4 BERATER

Bereits in jungen Jahren ziehen einige Spieler bzw. deren Eltern einen professionellen Spielerberater hinzu. Dabei ist es wichtig, zu wissen, dass Berater mitunter eine ganze Bandbreite von Dienstleistungen anbieten. Sie beraten Spieler sportlich und finanziell, betreuen sie im täglichen Leben sowie im sportlichen Alltag und stehen ihnen bei Entscheidungen zur Seite. Daher ist es an jedem selbst, zu überprüfen, in welchen Bereichen er sich besser aufstellen kann und ob er dabei auf externe Hilfe angewiesen ist.

Wenn Trainer und Umfeld das nicht leisten können, ist es sinnvoll, einen Berater hinzuzuziehen. Das klassische Muster ist sicherlich, dass ein Spieler bei einem Vereinswechsel um Unterstützung bittet und eventuell vom großen Netzwerk des Beraters profitieren möchte. Die Experten sind jedoch nicht nur für die reine Vermittlung eines Spielers zu einem bestimmten Verein, sondern darüber hinaus ab einem bestimmten Alter auch für einen umfassenden Karriereplan zuständig. Der Berater kann helfen, einen Jungprofi, der verhältnismäßig viel verdient, aber kaum Lebenserfahrung hat, auf dem Boden der Tatsachen zu halten.

Das fängt beispielsweise mit der Wahl eines angemessenen Autos an und kann bis hin zu einem recht ausgeklügelten System gehen, mittels dessen sich der Spieler für das Erreichen von sportlichen Zwischenzielen selbst belohnt. Auch wenn es aufgrund einer Verletzung oder durch eine sportliche Krise mal nicht so läuft, ist der Berater da. Ebenso, wenn der Spieler ins Ausland wechselt und sich dort erst einmal zurechtfinden muss.

Gerade im jüngeren Altersbereich ist ein solcher Kontakt allerdings noch nicht zwingend notwendig. Hier zählen einzig und allein das Bauchgefühl und harte Fakten (siehe Kap. 4.8 „Gehen oder bleiben? Faktoren bei der Vereinswahl"). Wenn man das Gefühl hat, dass ein Verein sich ernsthaft um einen Spieler bemüht, alles in seinen Möglichkeiten Stehende dafür gibt, dass er sich individuell und mit der Mannschaft bestmöglich weiterentwickelt und wenn darüber hinaus noch das Vertrauen zu Trainer und Umfeld intakt ist, dann gibt es kaum Beratungspotenzial. Neben objektiven Kriterien ist es außerdem wichtig, dass sich der Spieler in seinem Verein zu 100 Prozent wohlfühlt, damit er seine Potenziale entfalten kann. Man sollte immer im Hinterkopf behalten, dass das Hinzuziehen vieler Menschen, die sich um die Karriere eines Spielers kümmern, auch zahlreiche Verpflichtungen mit sich bringt. Der stetige Drang danach, allen Menschen aus diesem Geflecht gleichermaßen gerecht zu werden – und sei es nur durch das obligatorische Telefonat nach einem Spiel, wie es denn gelaufen ist – kostet Zeit und Energie. Deswegen ist der Zeitpunkt, ab dem man sich beraten lässt, entscheidend.

Ein seriöser Berater kann dann hinzugezogen werden, wenn man sich im Fußball gar nicht auskennt, oder wenn es um das Aushandeln von Vertragsmodalitäten geht bzw. wenn ein Vertrag geprüft werden soll. Dies macht für die meisten frühestens ab dem Bereich U 15/U 16 Sinn und das auch nur im Spitzensport. Allerdings ist selbst dann ein professioneller Spielerberater kein Muss, denn diese rechtliche Prüfung kann durchaus ein Jurist aus dem Verwandten- oder Bekanntenkreis vornehmen. Wichtig ist, dass er das Vertrauen des Spielers bzw. seiner Familie genießt und sich in der Fußballbranche auskennt. Eine sportlich beratende Funktion kann darüber hinaus auch ein Ex-Trainer bzw. ein Auswahltrainer haben, wenn das Vertrauensverhältnis stimmt.

Geht es später um Verhandlungen mit Funktionären aus dem Profibereich, zählen jedoch einzig und allein Expertise und Erfahrung. Menschen aus dem persönlichen Umfeld sind den Verhandlungspartnern oft weder fachlich noch rhetorisch gewachsen. Daher ist die Konsultation eines Fachmanns mit der nötigen Berufserfahrung unbedingt zu empfehlen.

Generell ist ab einer bestimmten Ebene eine gewisse Distanz bei der Hilfe, Entscheidungen zu treffen, von Vorteil. Denn diese führt zu einer höheren Objektivität bei der Einschätzung von Situationen. Ein Berater, der einem in Berufsfragen zur Seite steht, sollte demnach kein Teil des persönlichen Beziehungsgeflechts sein, sondern unvoreingenommen die Fakten bewerten. Je komplexer diese sind, desto wichtiger ist ein hohes Maß an Neutralität und Fachwissen. Bei beiden Elementen stoßen Eltern, Partner oder Freunde irgendwann an ihre natürlichen Grenzen. Dennoch mag es Einwände geben: „Ja, aber manipuliert man die Spieler nicht, wenn man ihnen Vorschläge macht? Nein, wenn man ein offenes Angebot macht und die Klienten nicht psychologisch geschickt irgendwo ‚hinführt', von dem der Berater/Coach glaubt, dass es das Beste für sie wäre, dann nicht."[78]

Konkrete Themen, die hier zur Sprache kommen, reichen von der finanziellen Vorsorge über Fragen des täglichen Lebens bis hin zu Zielvereinbarungen im Bereich Training und Spiel sowie Verbesserungsmöglichkeiten. Bei Topspielern geht die Beratung letztlich so weit, dass Berater das Profil des Spielers schärfen und in diesem Kontext schauen, welche Sponsoren zu ihrem Fußballer passen, welche Termine er auf diesem Sektor wahrnimmt. Darüber hinaus kümmern sie sich auch um die Interaktion mit Medien.

WIE FINDET MAN EINEN GUTEN BERATER?

Referenzen und Seriosität

- Welche Spieler betreut er?
- Sind es wenige oder (zu) viele?
- Wie viele Spieler davon sind wirklich gut?

- Netzwerk: Bei wie vielen Vereinen sind diese Spieler unter Vertrag?
- Welchen Eindruck haben die Spieler von ihrem Berater?

Organisationsform

- Ist der Berater hauptberuflich in seinem Job tätig und dadurch zeitlich flexibel und ein echter Experte auf diesem Gebiet?
- Handelt es sich um eine Einzelperson oder um eine Agentur?
- Wenn es eine Agentur ist, sollte man herausfinden, wer für einen zuständig ist. Zumeist ist es dann nicht der große Namen, der einen für die Agentur gewinnen möchte, sondern ein Mitarbeiter, den man unbedingt vorher kennenlernen sollte.
- Zeitfaktor: Hat die Person, die mich betreut, ausreichend Zeit, oder betreut sie noch zahllose andere Spieler?

Portfolio des Beraters/der Agentur

- Sportliche Beratung
- Finanzielle Beratung
- Beratung rund um den Fußball:
  - Ernährungsberatung,
  - Rhetorikschulungen,
  - Athletiktraining,
  - individuelles Training in spielfreier Zeit,
  - gesundheitliche Vorsorge.
- Man muss genau überprüfen, in welchen Bereichen man sich besser aufstellen möchte und mit der Agentur abklären, was zu welchen Konditionen möglich ist.
- Darüber hinaus ist eine realistische Selbsteinschätzung wichtig. Der Berater muss sich in der Liga, in der der Spieler aktiv ist, auskennen. Es nützt nichts, einen Berater mit einem Bundesliga- oder Champions-League-Netzwerk zu haben, wenn man Regionalliga spielt.

Persönlicher Eindruck

- Man sollte sich nicht blenden lassen von Geschenken oder kleinen Aufmerksamkeiten.
- Es müssen Sympathie und eine gewisse Entspanntheit vorhanden sein.
- Die Charaktere des Beraters und des Spielers müssen zueinander passen.
- Ein Berater muss ähnlich wie ein Schachspieler zwei Züge vorausdenken und einen klaren Plan haben, was er mit dem Spieler vorhat.
- Es sollte neben einem gewissen intellektuellen Hintergrund auch eine gewisse Ernsthaftigkeit erkennbar sein. Das bedeutet, volle Konzentration des Beraters auf den Spieler, wenn man sich trifft. Führt er parallel viele Telefonate, schreibt E-Mails und

lässt sich ablenken, wirkt das unseriös. Zudem ist es wichtig, dass auch der Spieler bzw. seine Eltern zu Wort kommen, um ihre Vorstellungen, Wünsche und Bedenken äußern zu können. Denn das Wohl des Spielers soll im Mittelpunkt stehen. Schwierig wird es dann, wenn der Berater vorgefertigte Ideen hat, an denen sich nicht mehr rütteln lässt.

Auftreten und Authentizität

- Der Berater sollte das glaubhaft vertreten, was er den Spielern mit auf den Weg gibt. Beispiel: Wenn er Bescheidenheit und Demut als Prämisse hat, sollte er beides auch selbst vorleben.

Unabhängigkeit

- Der Berater sollte keine unnatürliche Nähe zu einem bestimmten Verein haben (z. B. Sohn des Präsidenten sein).
- Er sollte finanziell so unabhängig sein, dass sein Hauptaugenmerk dem Wohl des Spielers und nicht einer möglichen Provision gilt.
- Er sollte niemandem einen Gefallen schulden.
- Er sollte seriöser Geschäftspartner sein.

Scouting und Kontakt

Ähnlich wie Vereine gehen auch Berateragenturen ganz gezielt auf Talentsuche. Das bedeutet, dass sie sich auf bestimmte Zielmärkte festlegen, also auf einzelne Länder, Spielklassen usw., und dann teilweise sogar Honorarscouts beschäftigen, die für sie nach bestimmten Kriterien sichten. Auf diese Weise geraten Spieler auf den Radarschirm von Beratern, die dann mit ihnen in Kontakt treten.

Oftmals erfolgt die erste Kontaktaufnahme der Berater mit den Spielern oder ihren Eltern am Spielfeldrand. Vor allem für minderjährige Spieler ist es ratsam, zunächst immer an ihre Eltern zu verweisen, damit diese die Rahmenbedingungen prüfen können, und nicht ihre eigene Handynummer oder E-Mail-Adresse herauszugeben. Das Gleiche gilt, wenn Berater versuchen, über Social-Media-Kanäle Kontakt zu ihren potenziellen Klienten herzustellen, diese teilweise sogar bedrängen. Eltern sollten im Idealfall über solche Bestrebungen informiert sein.

Richtig gute Spieler werden oft von verschiedenen Agenturen kontaktiert. Um dieser Situation Herr zu werden, hat man die Möglichkeit, sich Informationsmaterial zuschicken zu lassen, um ganz in Ruhe eine Vorauswahl treffen zu können. Anschließend lohnt es sich, über einen längeren Zeitraum mit potenziellen Kandidaten in Kontakt zu bleiben, damit sich eine Vertrauensbasis entwickeln kann. Anhand von Kleinigkeiten lässt sich im Laufe der Zeit erkennen, ob man Ziele und Vorstellungen teilt und wie verlässlich der Gesprächspartner ist. Insofern lohnt es sich, intensiv zu vergleichen, bevor man sich endgültig festlegt. Tut man dies, sollte man sich bewusst machen, dass man sich in eine Abhängigkeit begibt. Das ist nicht schlimm, aber man sollte im Hinterkopf behalten, dass Berater in erster Linie Geschäftsleute und keine Freunde sind.

Wird ein Spieler schließlich von einem Berater betreut, ist wichtig, dass der persönliche Austausch den sportlichen Bereich, also die Abläufe rund um die Mannschaft, nicht beeinträchtigt. Kein Verantwortlicher wird es gerne sehen, dass Gespräche am Platz unmittelbar vor oder nach einem Spiel erfolgen. Geschweige denn, dass diese z. B. nach einem Auswärtsspiel so lange dauern, dass der Bus extra auf den Nachzügler warten muss, während der Rest des Teams bereits abfahrbereit ist.

Die Zusammenarbeit mit einem Berater muss übrigens nicht unbefristet sein. Ebenso wie man seinem Verein durch herausragende Leistungen entwachsen kann, kann es auch mit dem Berater geschehen. Zum Beispiel, wenn der Spieler in eine Liga wechselt, in der das Netzwerk und die Expertise des Beraters nicht mehr ausreichen. In Hinblick darauf sollten beide Parteien stets ehrlich miteinander umgehen.

INTERVIEW
ULF BARANOWSKI: KEIN SPIELER IST VERPFLICHTET, MIT SPIELERVERMITTLERN ZUSAMMENZUARBEITEN

Ulf Baranowski ist Geschäftsführer der Vereinigung der Vertragsfußballspieler (VDV), einer Spielergewerkschaft, die Fußballspieler der deutschen Profiligen organisiert. Auch Jugendspieler ab 15 Jahren können hier Mitglied werden und von diversen Unterstützungs- und Serviceleistungen profitieren. Zu diesem Portfolio gehört auch das Prüfen von Verträgen, Kontakte zu einem internationalen Netzwerk von hoch spezialisierten Rechtsanwälten und Steuerberatern u. v. m. Mit dieser Hilfestellung lassen sich viele Dinge eigenständig bewältigen, die sonst möglicherweise ein Spielerberater übernehmen würde.

Herr Baranowski, ab welchem Alter macht es Sinn, einen Spielerberater zu haben?
Zunächst möchte ich feststellen, dass kein Spieler verpflichtet ist, mit Spielervermittlern und Beratern zu kooperieren. Es gibt auch heute noch zahlreiche Profispieler, die sich erfolgreich selbst managen und sich das Geld für Vermittlungsleistungen sparen.

Jugendspielern und Eltern raten wir als Spielergewerkschaft, sich vor dem Abschluss des ersten Fördervertrags umfassend über arbeitsrechtliche Aspekte und Karriereoptionen im Bereich des Profifußballs zu informieren. Die VDV bietet diesbezüglich umfassende Beratungs- und Schulungsleistungen sowie entsprechendes Informationsmaterial an.

Erst danach sollte die Entscheidung getroffen werden, ob und inwieweit mit Spielervermittlern und/oder Beratern kooperiert werden soll. Denn hier sind Chancen und Risiken sowie Vorteile und Nachteile im Einzelfall sehr genau abzuwägen. Und schon jetzt möchte ich darauf hinweisen, dass nur ein ganz kleiner Teil der Spieler aus den Nachwuchsleistungszentren später den Sprung in den Lizenzbereich schafft. Daher gilt es, insbesondere im Jugendbereich, ganz großen Wert auf die schulische Entwicklung und auf das Reifen zu einer selbstständigen Persönlichkeit zu legen. Zudem ist zu bedenken, dass Spielervermittler und Berater ihre Dienste grundsätzlich nicht aus Freundschaft zum Spieler anbieten, sondern durch ihn Geld verdienen wollen.

Welche Alternativen gibt es, sich beraten zu lassen?
Wenn es darum geht, den ersten Fördervertrag im Jugendbereich oder den ersten Ausrüstervertrag auszuhandeln, können sich Spieler und deren Eltern auch juristisch von Experten der VDV-Rechtsabteilung beraten lassen. Diese Leistung ist für Mitglieder der Spielergewerkschaft kostenlos. Schon Jugendspieler, die bereits Vertragsspieler sind oder vor dem Abschluss eines Fördervertrags stehen, können Mitglied der VDV werden und sind als Jugendliche grundsätzlich von der Beitragspflicht befreit.

Ich kann auch nur dringend empfehlen, dieses Beratungsangebot zu nutzen, denn es treten immer wieder die gleichen Probleme auf. Insbesondere raten wir im Nachwuchsbereich zu eher kürzeren Vertragslaufzeiten, um auf sportliche oder schulische Probleme flexibel reagieren zu können.

Wie sieht es beim Schritt in den Profifußball aus – ist dann der Zeitpunkt gekommen, einen Spielervermittler hinzuzuziehen?
Wie eingangs erwähnt, muss jeder Spieler selbst entscheiden, ob und inwieweit er

mit Spielervermittlern und Beratern kooperieren möchte. Hier bedarf es auch einer individuellen Einschätzung durch die Spielergewerkschaft, die beispielsweise über ein internationales Netzwerk von hoch spezialisierten Rechtsanwälten und Steuerberatern verfügt oder im Bereich der Vorsorge und Risikoabsicherung über das DFB-VDV-Versorgungswerk Hilfe anbieten kann.

Bei einer Zusammenarbeit mit Spielervermittlern gibt es mehrere mögliche Konstellationen. So kann der Vermittler jeweils ausschließlich vom Spieler oder vom Klub beauftragt und bezahlt werden oder in Doppeltätigkeit für den Klub und den Spieler zugleich tätig sein. Alle Konstellationen haben Vor- und Nachteile, die ein Spieler vor seiner Entscheidung unbedingt kennen sollte. Denn wenn hier typische Fehler gemacht werden, kann dies beispielsweise zu erheblichen Problemen mit den Steuerbehörden führen. Zudem können vom Spieler begangene Fehler bei der Spielervermittlerregistrierung vom Verband als unsportliches Verhalten mit Geld und Sperrstrafen sanktioniert werden. Diesbezüglich berät die VDV ihre Mitglieder umfassend und prüft auf Wunsch Verträge mit Spielervermittlern.

Wie gestaltet sich die Rechtslage bei minderjährigen Spielern?
Hier gibt es eine positive Entwicklung. Durch ein Berufungsurteil vor einem ordentlichen Gericht wurde bestätigt, dass die vom DFB aufgestellte Regel, wonach es Spielern und Klubs in Deutschland untersagt ist, Spielervermittler im Fall von Minderjährigentransfers zu vergüten, aus Gründen des Minderjährigenschutzes rechtmäßig ist. Dieses Verbot bezieht sich aber ausschließlich auf Vermittlungsleistungen.

Welche Rolle spielt es, dass durch einen Entscheid der FIFA inzwischen auch nicht lizenzierte Berater auf dem Markt tätig sein dürfen, die keine Branchenkenntnisse nachweisen müssen?
Die grundsätzliche Lizenzierungspflicht ist leider durch eine sehr liberale Registrierungsvorschrift ersetzt worden. Als Spielergewerkschaft hatten wir uns gewünscht, dass eine grundsätzliche Kenntnisprüfung erhalten bleibt und dass zudem Fortbildungspflichten eingeführt werden. Bedauerlicherweise ist zudem die grundsätzliche Pflicht zum Abschluss einer Berufshaftpflichtversicherung weggefallen und gegen die geplante verbandsrechtliche Pflicht zur Vorlage eines erweiterten polizeilichen Führungszeugnisses hat eine Spielervermittleragentur erfolgreich vor einem ordentlichen Gericht geklagt. Damit wurde auch der Markt für unqualifizierte, unseriöse und auch kriminelle

Spielervermittler noch weiter geöffnet. Wer hier als Spieler zu leichtgläubig ist, wird sehr schnell Opfer dunkler Machenschaften. Erst kürzlich hat ein angeblicher Spielervermittler versucht, einen jungen Spieler unter Vorlage eines gefälschten Arbeitsvertragsangebots eines österreichischen Bundesligaklubs um eine Provisionszahlung in Höhe von 25.000,- € zu betrügen.

Woran erkennen Eltern und Spieler einen guten Berater? Welchen Background sollte ein Berater haben?
Ein guter Spielervermittler sollte zunächst über eine professionelle Ausbildung verfügen, beispielsweise über ein abgeschlossenes Studium der Rechts-, Wirtschafts-, Sozial- oder Sportwissenschaft. Zudem sollte er über ein nachweislich gutes Kontaktnetzwerk zu Klubmanagern verfügen und mehrere Jahre Berufserfahrung – auch als Fußballprofi oder Trainer – nachweisen können. Darüber hinaus sollte er beim DFB als Spielervermittler registriert sein, ein polizeiliches Führungszeugnis ohne Eintragungen vorlegen sowie den Abschluss einer Berufshaftpflichtversicherung nachweisen können.

Für Berater, die spezifische Dienstleistungen erbringen – wie Rechtsanwälte oder Steuerberater –, gelten als Mindestanforderungen die gesetzlichen Voraussetzungen.

Berateragenturen bieten ein großes Portfolio verschiedener Leistungen an. Lässt sich klassifizieren, welche Dinge in welchem Alter Sinn machen?
Zunächst muss klar getrennt werden zwischen Vermittlungsleistungen, Beratungsleistungen und weiteren Leistungen, wie beispielsweise das redaktionelle Betreuen einer Website für den Spieler. Diese Trennung sollte auch in schriftlichen Verträgen klar definiert werden. Andernfalls sind Konflikte vorprogrammiert. Häufig wird nämlich versucht, Vermittlungsverträge mit Managementverträgen zu kombinieren. Dies kann beispielsweise hinsichtlich der Kündigungsmöglichkeiten und der Zuordnung von Vergütungsansprüchen zu erheblichen Problemen führen.

Unabhängig davon, welche Leistungen ein Spieler zu welchem Zeitpunkt von einem Dienstleister abrufen möchte, sollte ihm immer bewusst sein, dass letztlich nur er selbst die Verantwortung für sich trägt. Wer also glaubt, Vollmachten erteilen und sich dann auf andere Dinge fokussieren zu können, der wird ganz schnell zum Spielball Dritter und muss bei Fehlentwicklungen die Konsequenzen tragen.

4.8 GEHEN ODER BLEIBEN? FAKTOREN BEI DER VEREINSWAHL

Wenn nicht gerade das große Geld zu einem anderen Verein lockt, dann vielleicht die sportliche Perspektive, ein besserer Trainer, bessere Trainingsbedingungen, höhere Einsatzzeiten usw. Dabei sollte genau bedacht und abgewogen werden, unter welchen Bedingungen und in welchem Alter man den Schritt geht.

Die Freude am Spiel steht zunächst im Vordergrund, wenn man mit dem Fußballspielen beginnt. Nahezu jeder Fußballer, auch der spätere Star, hat die ersten Schritte in seinem Heimatverein gemacht. Dort haben sich seine außergewöhnliche Begabung und sein Hunger nach Weiterentwicklung herauskristallisiert. Um dem Drang nach stetiger Verbesserung und Förderung des Spielers gerecht zu werden, kam irgendwann der Zeitpunkt für einen Vereinswechsel.

WANN WECHSELN?

Nicht immer ist es einfach, zu entscheiden, wann ein Wechsel sinnvoll ist. Das gilt sowohl im Bereich des Freizeitfußballs als auch im Leistungssport. Aber es gibt einige Kriterien, die einem die Einschätzung des „richtigen Zeitpunkts" möglicherweise erleichtern.

BIS ZUM U-14-BEREICH

- Die Liga darf nicht die dominante Rolle spielen, es zählen Vereinstreue und Kontinuität.
- Entscheidend ist der Trainingsumfang (ab einem Alter von acht Jahren sollte zwei- bis dreimal pro Woche trainiert werden).
- Es sollte ein ganzjähriges Angebot geben. In winterlichen Regionen machen einige Vereine bis zu vier Monate Winterpause, was eine kontinuierliche Weiterentwicklung der Spieler ausschließt.

AB DEM U-15-BEREICH

- Nun ist die Spielklasse entscheidend.
- Es gilt, das Leistungsvermögen des Spielers in der jeweiligen Spielklasse maximal auszureizen.

SCHLÜSSEL: TRAINER UND TRAININGSUMFANG

Über allen Erwägungen steht die Qualität des Trainers und nicht etwa ein finanziell verlockendes Angebot. Wenn diese hoch ist, werden auch seine Spieler weit kommen, selbst wenn sie im Alter von 15 Jahren noch bei ihrem kleinen Heimatverein spielen. Inhalte und Einstellung müssen stimmen. Allerdings sollte man darauf achten, dass der Trainer auch ein guter Lehrer ist: Er muss sein großes Wissen altersgerecht vermitteln können, denn andernfalls hat es keinen Nutzen für die Spieler.

Ebenfalls eine große Bedeutung hat der Trainingsumfang. Wenn ein durchschnittlicher Verein jeden Tag in der Woche Training anbietet, steckt auch in dieser Häufigkeit eine große Chance auf fußballerische Entwicklung.

ALTERSSTUFEN IM FUSSBALL

Name der Altersklasse	Alternativbezeichnung	Alter der Spieler
A-Jugend	U 19, U 18	17-18 Jahre
B-Jugend	U 17, U 16	15-16 Jahre
C-Jugend	U 15, U 14	13-14 Jahre
D-Jugend	U 13, U 12	11-12 Jahre
E-Jugend	U 11, U 10	9-10 Jahre
F-Jugend	U 9, U 8	7-8 Jahre

CHECKLISTE FÜR EINEN VEREINSWECHSEL

BREITENSPORT

- Der Spieler muss sich bereits beim Probetraining wohlfühlen.
- Maßstäbe sind Mitspieler, Trainer und die Kameradschaft.

LEISTUNGSSPORT

Neben dem Wohlfühlaspekt stehen ganz klar die Perspektiven für die ganzheitliche Weiterentwicklung des Spielers im Fokus. Die zentrale Frage ist, ob der Spieler in dem Verein gut trainiert und bestmöglich gefördert wird.

WIE IST DER VEREIN AUFGESTELLT?

Anhand einiger äußerlicher Kriterien lässt sich schon ermessen, ob der Verein infrage kommt.

- Wie viele Spieler spielen in Auswahlmannschaften?
- Wie viele Spieler aus diesem Verein haben den Durchbruch (in die nächsthöhere Mannschaft, in höhere Ligen) geschafft?
- Gefällt mir die Art des Spiels? (Einem Mittelfeldspieler wird es kaum zusagen, wenn die Bälle nur lang nach vorn geschlagen werden.)

PROBETRAINING

Es lohnt sich, gleich mehrere Male mit der Mannschaft zu trainieren. Dabei erhält man umfassende Eindrücke von:

- Training und Inhalten,
- Stimmung in der Mannschaft,
- Routineabläufen,
- Trainingsplätzen und -bedingungen.

TRAININGSHÄUFIGKEIT

Neben der Qualität des Trainers ist es wichtig, wie oft eine Mannschaft trainiert. Deswegen spielt die Trainingshäufigkeit bei der Entscheidung über einen Vereinswechsel ebenfalls eine nicht zu unterschätzende Rolle.

INHALTLICHE SCHWERPUNKTSETZUNG

Strebt man einen Vereinswechsel zur persönlichen Weiterentwicklung an, so ist es wichtig, im Vorfeld Informationen zu sammeln, welche Pläne der neue Verein mit dem Spieler hat.

- Wurde gescoutet, also gezielt ein Spieler mit meinen Qualitäten gesucht?
- Wie sehen mich die Verantwortlichen und welche Perspektiven zeigen sie mir auf?
- Gibt es eine individuelle Trainingssteuerung?
- Wird mit mir eine individuelle Zielvereinbarung mit konkreten Entwicklungszielen für die gesamte Saison vereinbart? Dort sollte berücksichtigt werden, wo ich jetzt stehe und was ich in einem Jahr erreichen kann.

GESPRÄCHSPARTNER

Gesprächspartner sollte immer der Trainer sein. Er ist derjenige, der die Verantwortung für die Mannschaft trägt und mit dem der Spieler später tagtäglich zu tun haben wird. Also macht es nur Sinn, mit ihm die persönliche und sportliche Zukunft zu besprechen.

NICHT VON RHETORIK BLENDEN LASSEN

Je positiver der Gesprächspartner wirkt, desto bedeutsamer ist es, genau auf die Inhalte seiner Aussagen zu achten. Es besteht immer die Gefahr, sich rhetorisch aufs Glatteis führen zu lassen.

Risiken:

- Der Verein möchte nur einen Kaderplatz besetzen und kann daher keine konkreten Zukunftspläne für mich aufzeigen.
- Ich soll lediglich verpflichtet werden, damit ich nicht zu einem Konkurrenten wechsle und diesen somit verstärke.

FAHRTAUFWAND ZUM NEUEN KLUB

Oft bedeutet ein neuer Verein auch eine weitere Anfahrt zum Training und zu den Spielen. Dabei gilt es stets zu entscheiden, ob der Fahrtaufwand in Relation zum Ertrag steht. Nicht nur der Spieler, sondern auch sein Umfeld, müssen in der Lage sein, die Logistik zu leisten. Bis zur D-Jugend sollte die Autofahrt zum Training daher maximal 20 Minuten betragen. Ab der C-Jugend entscheidet sich dann, in welche Richtung sich der Spieler entwickeln wird und welche Wege es einzuschlagen gilt.

SCHULWECHSEL

Je nachdem, wohin einen der Weg im Leistungsfußball führt, kann bei weiteren Entfernungen ein Schulwechsel ein Thema werden. Hierbei sollte man Folgendes beachten:

- Für eine gute Persönlichkeitsentwicklung gilt der Grundsatz, dass sich ein Spieler so lange wie möglich in seinem vertrauten Umfeld bewegen sollte.
- Intensive Gespräche mit dem Schulleiter sind wichtig, um herauszufinden, ob die Schule mit ihren Ansprüchen geeignet ist und ob das Umfeld gut für den Spieler ist.
- Im Idealfall ist im Leistungsbereich die neue Schule eine „DFB-Eliteschule des Fußballs", in der Unterricht und Sport genau aufeinander abgestimmt sind.

NEUTRALE RATGEBER

- Der jeweilige Landesverband ist immer ein guter Ansprechpartner.
- Ein Vertrauter, der sich mit Leistungsfußball auskennt, kann ebenfalls beraten.

BAUCHGEFÜHL

Letztlich muss der Spieler den Wechsel selbst wollen, um sich im neuen Umfeld durchzusetzen.

Wie bei allen vertraglichen Angelegenheiten gibt es auch beim Vereinswechsel diverse Formalitäten zu beachten. Hier sind die beiden wichtigsten:

- Transferperioden: Eine Saison dauert immer vom 1. Juli eines Jahres bis zum 30. Juni des Folgejahres. Währenddessen gibt es zwei Transferperioden: 1. Juli bis 31. August, 1. bis 31. Januar.
- Abmeldung: Möchte man im Sommer den Verein wechseln, sollte man sich per Einschreiben bis zum 30. Juni bei seinem alten Klub abmelden.

Bei Detailfragen lohnt es sich immer, den jeweiligen Landesverband zu kontaktieren, der jederzeit gerne Auskunft erteilt.

CHECKLISTE FÜR EINEN VEREINSWECHSEL – EIGENE NOTIZEN

25

5

Interview
Leroy Sané über höchste Konzentration, Extraschichten und den großen Traum

5 INTERVIEW LEROY SANÉ ÜBER HÖCHSTE KONZENTRATION, EXTRASCHICHTEN UND DEN GROSSEN TRAUM

„Wenn Leroy Sané durch eine Ortschaft läuft, muss er aufpassen, nicht geblitzt zu werden", sagte sein U-19-Trainer Norbert Elgert im ersten Profijahr des deutschen Nationalspielers. Es ist beeindruckend, mit welcher Leichtigkeit und welcher Athletik der Youngster (*11. Januar 1996) seine Gegenspieler ausspielt. Mitunter werden seine Bewegungen und die Eleganz, die er am Ball ausstrahlt, in den Medien mit denen eines Tänzers verglichen. Umso überraschender ist es, mit welcher Unbekümmertheit er seine Leistung auch auf der ganz großen Fußballbühne kontinuierlich abruft und wie es ihm gelingt, die vielen Schlagzeilen um seine Person auszublenden. Leroy Sané verkörpert viele Dinge, die ein idealer Spieler mitbringen sollte.

Leroy Sané, auf dem Platz strahlen Sie eine große Ruhe aus. Als herausragende Eigenschaft gilt Ihre Unbekümmertheit. Woher nehmen Sie diese?
Ich versuche, im Training und im Spiel so wenig wie möglich darüber nachzudenken, was ich tue. Das bedeutet, dass ich aus dem Instinkt heraus spiele. Wenn ich etwas schlecht gemacht habe, rege ich mich nur in dem Moment des Fehlers darüber auf, versuche, es

aber direkt in der nächsten Aktion besser zu machen und gar nicht mehr an das Missgeschick zu denken. Das hilft dabei, Dinge abzuhaken, es immer wieder zu versuchen und sich ohne negative Gedanken voll und ganz auf die nächste Aktion zu konzentrieren. Wenn ich zehnmal das Tor nicht getroffen habe, probiere ich es eben ein elftes Mal. Das hilft mir sehr gut, wie man sieht, und würde bestimmt auch andere Spieler voranbringen. Ich konzentriere mich bei dem ganzen Trubel um meine Person ausschließlich auf den Fußball, will Spaß haben und mich weiterentwickeln.

Haben bzw. hatten Sie früher Probleme damit, im Training oder im Spiel etwas zu riskieren?

Das war eigentlich nie der Fall. Ich hatte viele Trainer, die mir ans Herz gelegt haben, risikoreich zu spielen. Sie haben mich sehr dabei unterstützt, sodass es für mich nie problematisch war, ein Risiko einzugehen, auch wenn es mal nicht zum Ziel führte.

In welchen Momenten waren Sie besonders nervös und wie gehen Sie mit Nervosität um?

Da gab es gerade am Anfang meiner Profikarriere sehr viele Momente. Meine ersten Spiele in der Bundesliga, der Champions League oder der A-Nationalmannschaft zählen dazu. Man muss versuchen, sich in solchen Augenblicken selbst zu beruhigen. Im Vorfeld einer Partie ist das kaum möglich. Klar kann man Musik hören, um ein wenig herunterzukommen, aber die Vorfreude ist meist so groß – dieses Gefühl kann man nicht so einfach ablegen. Anders ist das im Spiel selbst. Am Anfang, wenn man in die Begegnung hineinkommt, heißt es „safety first". Das bedeutet, dass man sichere Bälle spielt und nicht direkt ein riskantes Dribbling wagt. Wenn die ersten Aktionen gut gelingen und man sich voll aufs Spiel konzentriert, legt man die Nervosität schnell ab und kann frei aufspielen.

Am Ball zeigen Sie in Spielen und im Training viele Tricks. Wie haben Sie diese gelernt und was trainieren Sie heute noch besonders?

Ich trainiere immer noch meinen rechten Fuß und spreche wohl für alle Fußballer, wenn ich sage, dass es immens wichtig ist, von Beginn an auch die schwächere Seite zu trainieren. Beidfüßigkeit wird immer wichtiger, denn auf dem Platz geht alles immer schneller.

Wenn man mit beiden Füßen gut spielen und gut schießen kann, hilft einem das sehr weiter. Wenn ich früher mit meinen Freunden zu Hause gekickt habe, habe ich natürlich alle Tricks ausprobiert, die es gibt. Wenn etwas mal nicht geklappt hat, habe ich so lange weiterprobiert, bis ich den Trick beherrscht habe. Im Training kann man solche Dinge auch testen und wenn man schließlich richtig gut darin ist, kann man seine Tricks auch mal im Spiel ausprobieren.

Worauf sollten Spieler im Umgang mit ihrem Trainer achten?

Das Wichtigste ist, auf den Trainer zu hören, und eine gute Verbindung zu ihm aufzubauen. Denn letztlich ist es wichtig, was der Trainer von einem hält. Daher ist es immer gut, viel mit ihm zu sprechen und zu fragen, was man besser machen könnte. Wenn man sich Ratschläge holt, bringt einen das ein großes Stück weiter. Denn man signalisiert seinem Coach damit, dass man Interesse hat, dass man sich verbessern möchte und erhält dadurch im Normalfall seine Unterstützung. Wenn man das Vertrauen des Trainers spürt, bringt das gerade einen jungen Spieler weiter. In diesem Fall weiß man, dass man mal einen Fehler machen darf, ohne dass man direkt ausgewechselt wird und kann dadurch viel freier aufspielen.

Was ist wichtig beim Training?

Eine gute Einstellung ist das A und O. Es ist immer gut, wenn man mehr erreichen möchte als die anderen und bereit ist, Extraschichten einzulegen. Das kann im Kraftraum, im Ausdauerbereich oder nach dem Mannschaftstraining auf dem Platz im Bereich Technik sein. Dadurch gelingt es, den Mit- und Gegenspielern immer einen Schritt voraus zu sein. Das ist ein zentraler Punkt, den sich jeder Spieler auf die Fahnen schreiben sollte. Natürlich gibt es auch hier Tage, an denen man nicht so motiviert ist, weil sowieso alles schiefläuft und sich das dann auf dem Platz fortsetzt. Auch hier gilt: abhaken und am nächsten Tag weitermachen.

Wie groß dürfen die Ziele eines Spielers sein bzw. wie realistisch müssen diese bleiben?

Jeder junge Spieler hat große Träume, zum Beispiel, Profi zu werden, für einen großen Klub zu spielen, oder den Weltmeisterpokal in den Händen zu halten. Diese Träume sollte man auf jeden Fall beibehalten. Wirklich weiterbringen einen jedoch kleinere Ziele. Zum Beispiel, die Anzahl der Tore, die man in einer Saison schießen, oder der Spiele, die man bestreiten möchte. Eine solche Aufgabe könnte es auch sein, fünf Tore mit dem schwächeren Fuß zu erzielen. Wenn man sich kleinere Ziele setzt, kann man diese erreichen und nach und nach immer höher stecken. Dadurch macht man mit der Zeit immer größere Fortschritte.

Ihre Eltern kommen beide aus dem Leistungssport und sind sozusagen „vom Fach". Welche Erwartungen haben die beiden an Sie, wie ist Ihr Verhältnis?

Mein Vater Souleymane macht mir, obwohl er selbst Profifußballer war, überhaupt keinen Druck, dass ich etwas Bestimmtes unbedingt schaffen muss. Im Gegenteil, er hilft mir, wenn ich Fragen habe. Manchmal kritisiert er mich, was auch gut ist. Wir haben einen sehr guten Draht zueinander. Früher hat er mich oft zum Training gefahren und ein lockeres Verhältnis zu meinen Jugendtrainern gepflegt. Meine Eltern gehörten übrigens auch damals schon nicht zu den Zuschauern, die bei Spielen von der Seitenlinie etwas hereingerufen haben. So etwas nervt uns Spieler eher und ist in den jüngeren Jahren zudem total peinlich. Insofern hatte ich Glück.

Abseits des Platzes fallen Sie durch Ihre extravaganten Frisuren auf. Wie sind die Reaktionen innerhalb der Mannschaft darauf?

Wenn ich am Anfang eine neue Frisur hatte, haben meine Teamkollegen darüber ein bisschen gelacht, aber das ist, denke ich, nicht außergewöhnlich. Wirklich blöde Sprüche zu meinen Frisuren gab es eigentlich nie. Man sollte sich nicht verbiegen lassen, sondern das machen, worauf man Lust hat. Und bei mir sind es eben die Frisuren (lacht).

DANKSAGUNG

Das mittelhochdeutsche Wort „danc", der heutige „Dank", kommt etymologisch aus der gleichen Wortgruppierung wie das „Denken" und bedeutet ursprünglich, „jemanden in Gedanken halten". Im Zusammenhang mit der Arbeit an diesem Buch haben wir Autoren einigen Personen ganz besonders zu danken. Wir werden diejenigen in Gedanken halten, die uns auf unserem Weg begleitet und unterstützt haben, die tatkräftig mit angepackt, ihre Zeit geopfert und uns mit ihrem Know-How teilweise Tag und Nacht zur Verfügung gestanden haben.

Zunächst einmal danken wir unseren Interview-Partnern Gerald Asamoah, Ulf Baranowski, Sara Däbritz, Norbert Elgert, Hermann Hummels, und Leroy Sane für ihre Bereitschaft, sich die Zeit zu nehmen, an unserem Projekt mitzuwirken und hierfür ihre Expertise zur Verfügung zu stellen. Darüber hinaus gilt unser Dank Fabian Reese, Onur Cinel und Karsten Rabas für ein gelungenes Foto-Shooting. Jens Conrad ist spontan in die Bresche gesprungen und hat sich ebenfalls als Fotomodell zur Verfügung gestellt, darüber hinaus aber auch wertvolle Dienste beim Korrekturlesen geleistet. Danke für Deine stete Hilfsbereitschaft und positive Unterstützung! Fleißige Korrektoren haben wir außerdem in Tina Grzesik, Andrew Scheithauer, Doris Steininger, Hubert Bauer, Hendrik Hohenberger, Mario Himsl und Sigrid Pennekamp gefunden. Unseren Erstlesern danken wir für ihre Mühen, die vielen Anregungen, Korrekturen, Ideen und Hinweise. Benedikt Höwedes, Yilmaz Sanli und Andre Fulczyk gilt unser Dank für einen gelungenen Einstieg.

Zudem möchte ich, Michael Köllner, allen Spielern, Eltern, Vereinen, Vereinstrainern und DFB-Stützpunkttrainern in meinem früheren Verantwortungsbereich Ostbayern danken: Die Erfahrungen und die tägliche Arbeit beim Deutschen Fußball-Bund und beim Bayerischen Fußballverband im Bereich DFB-Stützpunkte, Regionalauswahl und Bayerische Landesauswahl sind ein großer Bestandteil dieses Buches. Außerdem möchte ich meinen Spielern des Jahrganges 1999 beim SSV Jahn Regensburg (U10 bis U12) und meinen Spielern des Jahrganges 1998 in der U17-Bundesligasaison bei der SpVgg Greuther Fürth danken. Mein größter Dank gilt jedoch meiner Lebensgefährtin Petra und den beiden Jungs Alexander und Maximilian. Durch euch habe ich ein Zuhause, in dem Fußball und Kreativität miteinander einhergehen. Hier kann ich Kraft schöpfen für Projekte wie dieses und finde Verständnis für solch zeitintensive Unterfangen.

1 LITERATURVERZEICHNIS

BÜCHER

Asgodom, S. (2014). *So coache ich.* 6. Auflage. München: Kösel-Verlag.

Gallwey, W. T. (2012). *Tennis – Das innere Spiel: Durch entspannte Konzentration zur Bestleistung.* München: Goldmann Verlag.

Havener, T. & Dr. med. Spitzbart, M. (2010). *Denken Sie nicht an einen blauen Elefanten! Die Macht der Gedanken.* Reinbek: Rowohlt Taschenbuch Verlag.

Henseling, M. & Maric, R. (2015). *Fußball durch Fußball: Das Trainerhandbuch von Spielverlagerung.de.* Göttingen: Verlag die Werkstatt GmbH.

Hermann, H.-D. & Mayer, J. (2014). *Make them go! Was wir vom Coaching der Spitzensportler lernen können.* Hamburg: Murmann.

Lutz, H. (2009). *Besser Fußball spielen mit Life Kinetik.* München: BLV Buchverlag.

Millman, D. (2008). *Die Kraft des friedvollen Kriegers.* Berlin: Ullstein Verlag.

Peters, B. mit Herrmann, H.-D. & Müller-Wirth, M. (2008). *Führungsspiel – Menschen begeistern, Teams formen, Siegen lernen – Nutzen Sie die Erfolgsgeheimnisse des Spitzensports.* München: Wilhelm Heyne Verlag.

ZEITSCHRIFTEN

Focus, 15/2009, S. 50-62.

Frankfurter Allgemeine Sonntagszeitung, Nr. 34, 23. August 2015, S. 27.

fussballtraining, 3/2016, S. 37.

Kicker Sportmagazin, Nr. 94, 17. November 2008; S. 14.
Kicker Sportmagazin, Nr. 106, 29. Dezember 2008, S. 6.
Kicker Sportmagazin, Nr. 30, 6. April 2009, S. 9.
Kicker Sportmagazin, Nr. 29, 8. April 2010, S. 7.
Kicker Sportmagazin, Nr. 32, 19. April 2010, S. 80.
Kicker Sportmagazin, Nr. 37, 6. Mai 2010, S. 30.
Kicker Sportmagazin, Nr. 40, 17. Mai 2010, S. 28.

Spiegel, 20/2009, S. 40-41.

Welt am Sonntag, 13. September 2015, S. 21.

2 ONLINEQUELLEN

11freunde.de. (2008). *Andrés Iniesta im Interview: Irgendwas fehlt immer.* Zugriff am 4. Juni 2008 unter http://www.11freunde.de:82/interview/andres-iniesta-im-interview

11freunde.de. (2010). *Wilfried Hannes über Schalke und Gladbach: Magath ist Weltklasse!* Zugriff am 30. November 2015 unter http://www.11freunde.de/interview/wilfried-hannes-ueber-schalke-und-gladbach

badische-zeitung.de. (2010). *Arjen Robben: „Ich bin ein intuitiver Spieler".* Zugriff am 22. Dezember 2015 unter http://www.badische-zeitung.de/sport/scfreiburg/arjen-robben-ich-bin-ein-intuitiver-spieler--28257534.html

barcawelt.de. (2015). *Rafinha Alcántara: „Sowas siehst du nicht mal bei FIFA auf der Playstation".* Zugriff am 9. Januar 2016 unter http://www.barcawelt.de/news/rafinha-alcantara-sowas-siehst-du-nicht-mal-bei-fifa-auf-der-playstation

bundesliga.de. (2015). *Lizenzordnung Spieler (LOS).* Zugriff am 30. November 2015 unter http://s.bundesliga.de/assets/doc/690000/684971_original.pdf

bundesliga.de. (2016). *Thomas Tuchel: „Wir müssen unser Potenzial ausschöpfen".* Zugriff am 26. Januar 2016 unter http://www.bundesliga.de/de/liga/interviews/tuchel/

dfb.de. (2009) *Hrubesch: 15 Prozent Talent, 85 Prozent harte Arbeit.* Zugriff am 20. September 2015 unter http://www.dfb.de/news/detail/hrubesch-15-prozent-talent-85-prozent-harte-arbeit-19149/p/2/

dfb.de. (2013). *Guardiola: Ich habe keine Zweifel an Schweinsteiger.* Zugriff am 26. Januar 2016 unter http://www.dfb.de/news/detail/guardiola-ich-habe-keine-zweifel-an-schweinsteiger-45555/

dfb.de. *Dreiecksdribbling nach Zuspiel vom Partner.* Zugriff am 22. Dezember 2015 unter http://www.dfb.de/spieler/u-12-bis-u-15-spielerin/trainieren-wie-stuetzpunktspieler/dribbling/

dfb.de. *Ballannahme und Zuspiel ohne Partner.* Zugriff am 9. Januar 2016 unter http://www.dfb.de/spieler/u-12-bis-u-15-spielerin/artikel/ballannahme-und-zuspiel-ohne-partner-744/

dfb.de. *Ballannahme und Zuspiel mit Partner.* Zugriff am 9. Januar 2016 unter http://training-service.fussball.de/spieler/u-12-bis-u-15-spielerin/artikel/ballannahme-und-zuspiel-mit-partner-746/%2523!/section/stage#!/

dfb.de. *Vierecksspiel.* Zugriff am 9. Januar 2016 unter http://www.dfb.de/spieler/u-12-bis-u-15-spielerin/artikel/vierecksspiel-749/

dfb.de. *Fußball-Volleyball.* Zugriff am 9. Januar 2016 unter http://www.dfb.de/spieler/u-12-bis-u-15-spielerin/artikel/fussball-volleyball-752/

dfb.de. *Das Gespräch mit dem Trainer suchen.* Zugriff am 23. Dezember 2015 unter http://www.dfb.de/spieler/aktive-ue20/artikel/das-gespraech-mit-dem-trainer-suchen-1978/

dfb.de. *Streitpunkt* Dehnen. Zugriff am 5. März 2016 unter http://www.dfb.de/trainer/c-juniorin/artikel/streitpunkt-dehnen-307/

duden.de. *Talent.* Zugriff am 29. November 2015 unter http://www.duden.de/rechtschreibung/Talent

ergotopia.de. *Wie kannst Du Deine Arbeitsmotivation steigern? 16 wertvolle Tipps für mehr Spaß im Beruf!* Zugriff am 7. Februar 2016 unter http://www.ergotopia.de/blog/arbeitsmotivation-steigern

faz.net. (2012). *Jürgen Klopp und Ralf Holtmeyer „Zusammengewürfelte Haufen gibt es genug".* Zugriff am 26. Dezember 2016 unter http://www.faz.net/aktuell/sport/juergen-klopp-und-ralf-holtmeyer-zusammengewuerfelte-haufen-gibt-es-genug-12005252-p11.html

faz.net. (2015). *Ernährungsminister warnt vor veganer Ernährung bei Kindern.* Zugriff am 28. Dezember 2015. http://www.faz.net/aktuell/feuilleton/familie/ernaehrungsminister-zu-veganer-ernaehrung-von-kindern-13982220.html

fifa.de. *FIFA Medical Centres of Excellence.* Zugriff am 10. Oktober 2015 unter http://de.fifa.com/development/medical/about-us/fifa-medical-centres-of-excellence/index.html

fussball.de. *Auch zu Hause kannst du trainieren.* Zugriff am 22. Dezember unter http://training-service.fussball.de/mein-fussball-detail/auch-zu-hause-kannst-du-trainieren-1883/#!/section/stage

fussball.de. *Wandpassspiel.* Zugriff am 23. Dezember 2015 unter http://training-service.fussball.de/mein-fussball-detail/wandpassspiel-742/%23!/section/stage/#!/

fussballmedizin.com. *Medizinische Jugend-Schutz-Untersuchungen in Kooperation mit dem BFV.* Zugriff am 10. Oktober 2015 unter http://www.fussballmedizin.com/pedsudcararr/index.php

healthconception.de. *Seilspringen – große Leistungssteigerung bei 30 min Training pro Woche.* Zugriff am 16. Januar 2016 unter http://www.healthconception.de/pdffiles/Seilspringen.pdf

kinderaerzte-im-netz.de. *J1 – wichtige Vorsorge für Jugendliche.* Zugriff am 10. Oktober 2015 unter http://www.kinderaerzte-im-netz.de/vorsorge/teenager-j1-bis-j2/j1-wichtige-vorsorge-fuer-jugendliche/

lifekinetik-klusak.de. *Stimmen zu Life Kinetik.* Zugriff am 20. September 2015 unter http://www.lifekinetik-klusak.de/stimmen-zu-life-kinetik/sportler/

manager-magazin.de. (2012). *Ziele erreichen. Wille schlägt Talent.* Zugriff am 10. Januar 2016 unter http://www.manager-magazin.de/lifestyle/artikel/a-829784.html

menshealth.de. *Kicks, Tricks und Co.: Fußball-Freestyler Florian im Interview.* Zugriff am 28. Dezember 2015 unter http://www.menshealth.de/artikel/fussball-freesytler-florian-im-interview.289342.html

nfv.de. (2011). *Wie gewinne ich meine Fitness zurück? Verletzungen des Oberen Sprunggelenkes Teil 2: Rehabilitation und Prävention.* Zugriff am 10. Januar 2016 unter http://www.nfv.de/fileadmin/user_upload/NFV/REDAKTEURE/Spielbetrieb/Dokumente/Sportmedizin/Weber-Spickschen-Sportmedizin-Wie_gewinne_ich_meine_Fitness_zurueck.pdf

rki.de. (2007). *Die Verbreitung von Übergewicht und Adipositas bei Kindern und Jugendlichen in Deutschland. Ergebnisse des bundesweiten Kinder- und Jugendgesundheitssurveys (KiGGS).* Zugriff am 23. Dezember 2015 unter http://edoc.rki.de/oa/articles/reryPJPcmUGw/PDF/20pyWvIPNYV52.pdf

spiegel.de. (2010). *Handballprofi Bielecki: Halbe Sehkraft, voller Einsatz.* Zugriff am 30. November 2015 unter http://www.spiegel.de/sport/sonst/handballprofi-bielecki-halbe-sehkraft-voller-einsatz-a-713216.html

spiegel.de. (2014). *Olympia 2014: Sachenbacher-Stehle bestätigt positiven Dopingtest.* Zugriff am 8. Oktober 2015 unter http://www.spiegel.de/sport/wintersport/doping-in-sotschi-b-probe-von-sachenbacher-stehle-ebenfalls-positiv-a-954921.html

spiegel.de. (2014). *US-Studie: Dicke Kindergartenkinder werden oft dicke Schulkinder.* Zugriff am 23. Dezember 2015 unter http://www.spiegel.de/gesundheit/ernaehrung/us-studie-dicke-kindergartenkinder-werden-dicke-schulkinder-a-946338.html

sporthelden.de. *WM 1954 – „Rahn müsste schießen".* Zugriff am 9. Januar 2016 unter http://www.sporthelden.de/index.php?id=56&tx_ttnews[tt_news]=95&no_cache=1

sportschau.de. (2015). *Fleischlos in der Bundesliga.* Zugriff am 01. Dezember 2015 unter http://www.sportschau.de/fussball/bundesliga/vegane-ernaehrung-in-der-bundesliga-100.html

spox.com. (2010). *Ajax Amsterdam: Beste Waffenschmiede der Welt.* Zugriff am 25. September 2015 unter http://www.spox.com/de/sport/fussball/international/1006/Artikel/ajax-amsterdam-jugendausbildung-de-toekomst-gerald-vanenburg-louis-van-gaal-tips-rafael-van-der-vaart-wesley-sneijder.html

spox.com. (2016). *Olympiasiegerin mit kurioser Erklärung für Unfälle: „Smartphones schuld an Stürzen".* Zugriff am 08. Februar 2016 unter http://www.spox.com/

de/sport/mehrsport/wintersport/1602/News/smartphones-tina-maze-olympiasiegerin-unfaelle.html

stern.de. (2004). *Pavel Nedved: Märchenprinz aus dem Plattenbau.* Zugriff am 7. Oktober 2015 unter http://www.stern.de/sport/fussball/pavel-nedved-maerchenprinz-aus-dem-plattenbau-3068858.html

sueddeutsche.de. (2015). *Mario Götze: „Ich habe Fehler gemacht".* Zugriff am 8. Oktober 2015 unter http://www.sueddeutsche.de/sport/mario-goetze-im-interview-ich-habe-fehler-gemacht-1.2682597

sueddeutsche.de. (2015). *Julian Weigl beim BVB: Wohlerzogener Zauberlehrling.* Zugriff am 8. Oktober 2015 unter http://www.sueddeutsche.de/sport/julian-weigl-beim-bvb-wohlerzogener-zauberlehrling-1.2608793

sueddeutsche.de. (2015). *Vor der WM in Brasilien wurde Schmelzer auf der Zielgeraden ausgemustert.* Zugriff am 30. August 2015 unter http://www.sueddeutsche.de/sport/borussia-dortmund-deutlich-weniger-zucker-1.2625670-2

sueddeutsche.de. (2015). *Gladbacher Stranzl kritisiert Social-Media-Hype.* Zugriff am 15. August 2015 unter http://www.sueddeutsche.de/news/sport/fussball-gladbacher-stranzl-kritisiert-social-media-hype-dpa.urn-newsml-dpa-com-20090101-150815-99-03318

trainingsworld.com. (2013). *Michael Jordan – Der Virtuose unter den Basketballern.* Zugriff am 25. Februar 2016 unter http://www.trainingsworld.com/sportarten/basketball-sti44601/superstar-michael-jordan-virtuose-basketballern-2770542.html

tz.de. (2014). *Sammer: Darum holten wir Xabi statt Khedira.* Zugriff am 22. Dezember 2015 unter http://www.tz.de/sport/fc-bayern/sammer-darum-hat-der-fc-bayern-xabi-alonso-statt-khedira-geholt-meta-3922357.html

welt.de. (2015). *Raúls Karriere klingt vor nur 9.000 Zuschauern aus.* Zugriff am 26. Januar 2016 unter http://www.welt.de/sport/fussball/internationale-ligen/article148904040/Rauls-Karriere-klingt-vor-nur-9000-Zuschauern-aus.html

welt.de. (2015). *FC Methusalem.* Zugriff am 10. Oktober 2015 unter http://www.welt.de/print/wams/sport/article146599772/FC-Methusalem.html

zdfsport.de.(2015). *Krank und gedopt durch Wunderpillen.* Zugriff am 8. Oktober 2015 unter http://www.zdfsport.de/nahrungsergaenzungsmittel-doping-krank-und-gedopt-durch-wunderpillen-35952758.html

zeit.de. (2012). *Joachim Löw : „So will ich es haben".* Zugriff am 26. Januar 2016 unter http://www.zeit.de/2012/23/Fussball-Bundestrainer-Loew

3 ENDNOTEN

1. *kicker Sportmagazin* (2008, Nr. 94, 17. November, 14).
2. *kicker Sportmagazin* (2010, Nr. 37, 6. Mai, 30).
3. http://www.spox.com/de/sport/fussball/international/1006/Artikel/ajax-amsterdam-jugend-ausbildung-de-toekomst-gerald-vanenburg-louis-van-gaal-tips-rafael-van-der-vaart-wesley-sneijder.html, 20. September 2015.
4. http://www.duden.de/rechtschreibung/Talent, 29. November 2015.
5. *kicker Sportmagazin* (2008, Nr. 106, 29. Dezember, 6).
6. *Welt am Sonntag* (2015, 13. September, 21).
7. Vgl. http://www.stern.de/sport/fussball/pavel-nedved-maerchenprinz-aus-dem-plattenbau-3068858.html, 7. Oktober 2015.
8. http://www.trainingsworld.com/sportarten/basketball-sti44601/superstar-michael-jordan-virtuose-basketballern-2770542.html, 25. Februar 2016.
9. Vgl. *Focus* (2009, 15, 50-62).
10. http://www.dfb.de/news/detail/hrubesch-15-prozent-talent-85-prozent-harte-arbeit-19149/, 20. September 2015
11. Vgl. *Focus* (2009, 15, 60-62).
12. Vgl. Lutz, H. (2009). *Besser Fußball spielen mit Life Kinetik.* BLV Buchverlag, München. Interview mit *FAZ.net*, Michael Ashelm, 26. August 2009.
13. http://www.lifekinetik-klusak.de/stimmen-zu-life-kinetik/sportler/, 20.09.2015
14. Vgl. ebd.
15. *kicker Sportmagazin* (2009, Nr. 30, 6. April, 9).
16. *kicker Sportmagazin* (2010, Nr. 40, 17. Mai, 28).
17. http://www.11freunde.de:82/interview/andres-iniesta-im-interview, 4. Juni 2008.
18. Vgl. http://www.sueddeutsche.de/sport/julian-weigl-beim-bvb-wohlerzogener-zauberlehrling-1.2608793, 8. Oktober 2015.
19. http://www.manager-magazin.de/lifestyle/artikel/a-829784.html, 10. Januar 2016.
20. Intrinsische Motivation = innerer Anreiz, der die Handlung eines Menschen bewirkt.
21. *kicker Sportmagazin* (2010, Nr. 32, 19. April, 80).
22. *Stern* (2009, 20, 40-41).
23. Vgl. http://s.bundesliga.de/assets/doc/690000/684971_original.pdf, 30. November 2015.
24. Vgl. http://www.ergotopia.de/blog/arbeitsmotivation-steigern, 7. Februar 2016.

25. Gallwey (2012, S. 23-24).
26. Ebd., S. 187.
27. Ebd., S. 43-44.
28. http://www.dfb.de/news/detail/guardiola-ich-habe-keine-zweifel-an-schweinsteiger-45555/, 26. Januar 2016.
29. http://www.spox.com/de/sport/mehrsport/wintersport/1602/News/smartphones-tina-maze-olympiasiegerin-unfaelle.html, 8. Februar 2016.
30. Vgl. Gallwey (2012, S. 228-229).
31. *Frankfurter Allgemeine Sonntagszeitung* (2015, Nr. 34, 23. August, 27).
32. *kicker Sportmagazin* (2010, Nr. 29, 8. April, 7).
33. http://www.nfv.de/fileadmin/user_upload/NFV/REDAKTEURE/Spielbetrieb/Dokumente/Sportmedizin/Weber-Spickschen-Sportmedizin-Wie_gewinne_ich_meine_Fitness_zurueck.pdf, 10. Januar 2016.
34. http://www.badische-zeitung.de/sport/scfreiburg/arjen-robben-ich-bin-ein-intuitiver-spieler--28257534.html, 22. Dezember 2015.
35. Vgl. http://www.dfb.de/spieler/u-12-bis-u-15-spielerin/trainieren-wie-stuetzpunktspieler/dribbling/, 22. Dezember 2015.
36. http://www.tz.de/sport/fc-bayern/sammer-darum-hat-der-fc-bayern-xabi-alonso-statt-khedira-geholt-meta-3922357.html, 22. Dezember 2015.
37. http://training-service.fussball.de/mein-fussball-detail/auch-zu-hause-kannst-du-trainieren-1883/#!/, 22. Dezember 2015.
38. http://training-service.fussball.de/mein-fussball-detail/wandpassspiel-742/#!/section/stage, 23. Dezember 2015.
39. http://www.barcawelt.de/news/rafinha-alcantara-sowas-siehst-du-nicht-mal-bei-fifa-auf-der-playstation, 9. Januar 2016.
40. http://www.dfb.de/spieler/u-12-bis-u-15-spielerin/artikel/ballannahme-und-zuspiel-ohne-partner-744/, 9. Januar 2016.
41. http://training-service.fussball.de/spieler/u-12-bis-u-15-spielerin/artikel/ballannahme-und-zuspiel-mit-partner-746/#!/section/stage, 9. Januar 2016.
42. http://www.dfb.de/spieler/u-12-bis-u-15-spielerin/artikel/vierecksspiel-749/, 9. Januar 2016.
43. http://www.dfb.de/spieler/u-12-bis-u-15-spielerin/artikel/fussball-volleyball-752/, 9. Januar 2016.
44. http://www.sporthelden.de/index.php?id=56&tx_ttnews[tt_news]=95&no_cache=1, 9. Januar 2016.
45. Henseling & Maric (2015, S. 224).
46. http://www.menshealth.de/artikel/fussball-freesytler-florian-im-interview.289342.html, 28. Dezember 2015.
47. Vgl. http://www.healthconception.de/pdffiles/Seilspringen.pdf, 16. Januar 2016.
48. http://www.dfb.de/trainer/c-juniorin/artikel/streitpunkt-dehnen-307/, 5. März 2016.

49. Ebd.
50. http://www.welt.de/sport/fussball/internationale-ligen/article148904040/Rauls-Karriere-klingt-vor-nur-9000-Zuschauern-aus.html, 26. Januar 2016.
51. Vgl. http://www.sueddeutsche.de/sport/mario-goetze-im-interview-ich-habe-fehler-gemacht-1.2682597, 8. Oktober 2015.
52. Vgl. http://de.fifa.com/development/medical/about-us/fifa-medical-centres-of-excellence/index.html, 10. Oktober 2015.
53. Vgl. http://www.fussballmedizin.com/pedsudcararr/index.php, 10. Oktober 2015.
54. Vgl. http://www.spiegel.de/sport/sonst/handballprofi-bielecki-halbe-sehkraft-voller-einsatz-a-713216.html, 30. November 2015.
55. Vgl. http://www.11freunde.de/interview/wilfried-hannes-ueber-schalke-und-gladbach, 30. November 2015
56. Vgl. http://www.kinderaerzte-im-netz.de/vorsorge/teenager-j1-bis-j2/j1-wichtige-vorsorge-fuer-jugendliche/, 10. Oktober 2015.
57. Vgl. http://www.kinderaerzte-im-netz.de/vorsorge/teenager-j1-bis-j2/j2-bald-erwachsen/, 10. Oktober 2015.
58. Vgl. http://www.welt.de/print/wams/sport/article146599772/FC-Methusalem.html, 10. Oktober 2015.
59. Vgl. http://www.sueddeutsche.de/sport/borussia-dortmund-deutlich-weniger-zucker-1.2625670-2 , 30. August 2015.
60. *fussballtraining* (2016, 3, 37).
61. Vgl. *fussballtraining* (2016, 3, 38).
62. Vgl. http://www.spiegel.de/sport/wintersport/doping-in-sotschi-b-probe-von-sachenbacher-stehle-ebenfalls-positiv-a-954921.html, 8 Oktober 2015.
63. Vgl. http://www.zdfsport.de/nahrungsergaenzungsmittel-doping-krank-und-gedopt-durch-wunderpillen-35952758.html, 8. Oktober 2015.
64. Vgl. http://www.sportschau.de/fussball/bundesliga/vegane-ernaehrung-in-der-bundesliga-100.html, 01. Dezember 2015.
65. http://www.faz.net/aktuell/feuilleton/familie/ernaehrungsminister-zu-veganer-ernaehrung-von-kindern-13982220.html, 28. Dezember 2015.
66. Vgl. Havener & Spitzbart (2010, S.159-162).
67. Millman (2008, S. 185).
68. Vgl. Focus (2009, 53).
69. Vgl. http://edoc.rki.de/oa/articles/reryPJPcmUGw/PDF/20pyWvIPNYV52.pdf, 23.12.2015.
70. http://www.spiegel.de/gesundheit/ernaehrung/us-studie-dicke-kindergartenkinder-werden-dicke-schulkinder-a-946338.html, 23.12.2015.
71. Vgl. http://www,dfb.de/spieler/aktive-ue20/artikel/das-gespraech-mit-dem-trainer-suchen-1978/, 23.12.2015.

72. http://www.sueddeutsche.de/news/sport/fussball-gladbacher-stranzl-kritisiert-social-media-hype-dpa.urn-newsml-dpa-com-20090101-150815-99-03318, 15. August 2015.
73. Vgl. http://www.welt.de/print/wams/sport/article146599772/FC-Methusalem.html, 10.10.2015.
74. Vgl.: Hermann, H.-D. & Mayer, J. (2014). *Make them go!: Was wir vom Coaching der Spitzensportler lernen können.* Hamburg: Murmann.
75. http://www.zeit.de/2012/23/Fussball-Bundestrainer-Loew, 26. Januar 2016.
76. http://www.bundesliga.de/de/liga/interviews/tuchel/, 26. Januar 2016.
77. http://www.faz.net/aktuell/sport/juergen-klopp-und-ralf-holtmeyer-zusammengewuerfelte-haufen-gibt-es-genug-12005252-p11.html, 26. Januar 2016.
78. Asgodom, S. H. (2014). *So coache ich.* Kösel-Verlag, 6. Auflage (2. April 2014).

4 BILDNACHWEIS

Cover- und Umschlaggestaltung, Layout und Satz: Eva Feldmann

Coverfotos: © dpa
© Thinkstock/iStock/TAW4

Fotos Innenteil: Seite 7, 8, 9, 10, 18, 22, 23, 25, 27, 30, 32, 34, 35, 36, 41, 43, 44, 49, 52, 53, 54, 57, 66, 116, 124, 130, 173, 180, 190, 192-194 © dpa

Seite 98-101, 108, 195 © Karsten Rabas
Seite 107 © FC Schalke 04
Seite 110-115 © Steffi Pennekamp
Seite 168 © Hermann Hummels

Seite 15 © Thinkstock/Ingram Publishing
Seite 120 © Thinkstock/Stockbyte
Seite 123 © Thinkstock/Photodisc/Barry Austin
Seite 141 © Thinkstock/iStock/egal
Seite 142 © Thinkstock/iStock/a_namenko
Seite 142 © Thinkstock/iStock/Nic_Ol
Seite 142 © Thinkstock/iStock/Songsak Paname
Seite 143 © Thinkstock/iStock/Gurzzza
Seite 151, 152 © Thinkstock/iStock/boumenjapet

Lektorat: Dr. Irmgard Jaeger, Riccardo Rip

Software für Trainer, Lehrer und Autoren

kinderleichte Bedienung - professionelles Ergebnis

- **Organizer** für ALLE SPORTARTEN
- **Animations-Software** für Fußball, Handball, Basketball, Volleyball, Hockey und Eishockey
- **Zeichen-Software** für Fußball, Handball, Volleyball, Hockey und Ballsport für Lehrer

EASY SPORTS-SOFTWARE

www.easy-sports-software.com